ディグリー占星術
Astrological degrees

松村　潔

はじめに

　ディーン・ルディアのサビアンシンボルについて知ったのは、1980年代の終わり頃で、たまたま知り合いになった直居あきら氏の紹介によるものでした。
　サビアンシンボルは、サインの度数の1度ずつに詩のような短い文章があり、このシンボルを解釈するものです。私が初めてサビアンシンボルについて本を出したのは1991年です。その後、やはりシンボルというものは中心的な役割にはならず、むしろ軸になるのは数字の意味であり、シンボルとしてのイメージは、その周囲にまとわりつく周縁的なものであると考えることになりました。
　もちろん、ルドルフ・シュタイナーのいうような自我・アストラル体・エーテル体・肉体という人間の構造からしても、そのように思えます。シュタイナーは自我の特徴は記憶の継続であるといいますが、記憶の継続とは同じ特質のものを統合化して、共通のものを串刺しすることで座標を形成する、つまり線を引いたり図形に配置したりすることにとても似ています。詩のイメージは、動物質としてのアストラル体に該当し、数字のロゴスや骨格は自我を構成するものに対応するのです。
　この関係は明確にしておかなくてはならず、あいまいにしてはなりません。詩やあるいはシンボル、イメージを考える中心にしていくと、自我に似せたアストラル体がその人の人生を乗っ取ることになり、これは人に似せた動物が主役になるということです。
　昔の物語に、キツネが人に化けて人をだますというような内容のものがあったりしましたが、それと同じことです。どんなに薄くしても、色の被ったものが主導権を握ると状況によって心がどんどん変化していき、初心も、目的も果てしなく漂流してしまいます。数字とイメージは、骨と肉のような関係ですが、骨がしっかりしないと、肉は崩れてしまいます。感情が自我よりも強い人は、脊髄が揺らぐような感じで、何が真実か全くわからなくなったりどうどう巡りしたりする人生を歩むことになります。
　その点では、自己確認の中心軸を自我に置くことは、むしろイメージや感情、情感などが自由に遊べるようになり、そこに重い責任をかけないですませられるので、

むしろ人生は楽しくなります。自我が軸になれば、その周辺性として配置されたイメージも、象徴性も、情感も、もっと多彩な解釈をしても破綻(はたん)はしないし、もっと遊ぶことが許されるので、一つの考え方を人に押しつけなくてすむというわけです。

気持ちというものはアストラル体が受け持ちます。気持ちを中心に生きると、人も自分も縛ってしまう。でも、気持ちは自我の周りを巡る馬なのだと考えると、開放されるのです。

サビアンシンボル占星術にしても、シンボルは二義的なもの、中心は数字であるという観点から、本書のようなものを書くことにしました。シンボルから真実を探ろうとすると、脱線の果てに意味不明になるのですが、数字を中心に考えると、異なるシンボルにも共通点とか法則性がたくさん見つかります。

私はタロットカードに関してもたくさんの本を書いていますが、タロットの意味は、絵柄が中心ではなく、まずはその数字が中心であり、それにしたがって絵柄はいくらでも変化するという主張で書いているので、本書のコンセプトと何一つ変わらないです。

数字の統一性が軸になって展開されているからこそ、塔の次に星、星の次に月、そして太陽のカードへと推移していく理由が理解できるのです。

これは二十歳の頃から考え方が変わらないので、今後もずっと継続するのかもしれません。というよりも、もっと掘り下げることはいくらでも可能なので、今後もどこまで行くのか、続けたいと思います。

CONTENTS

はじめに	2
Ⅰ　ディグリー占星術とは何か	7
1　12サインはアカシックレコードの盤	8
2　サインの内部の細分化	14
3　数が持つ特有の意味	19
4　天体の意味	22
冥王星	23
海王星	26
天王星	29
〜ケーススタディ①　東日本大震災〜	30
土星	33
木星	37
火星以後、太陽、金星、水星、月	39
〜ケーススタディ②　スティーブン・スピルバーグ監督〜	41
5　特徴的な度数	45

Ⅱ　度数の意味　　　　　　　　　　51

1度……… 52	11度…… 112	21度…… 172
2度……… 58	12度…… 118	22度…… 178
3度……… 64	13度…… 124	23度…… 184
4度……… 70	14度…… 130	24度…… 190
5度……… 76	15度…… 136	25度…… 196
6度……… 82	16度…… 142	26度…… 202
7度……… 88	17度…… 148	27度…… 208
8度……… 94	18度…… 154	28度…… 214
9度………100	19度…… 160	29度…… 220
10度……106	20度…… 166	30度…… 226

Ⅲ　ケーススタディとディグリー占星術の応用　　　233

1　リーディングケース〜ウディ・アレン〜　　　　　　　234
2　リーディングケース〜アントニオ・ガウディ〜　　　　240
3　応用編〜ディグリー占星術をより深く知るためのヒント〜　244
（1）　プラトンサイクルとディグリー占星術の関係性　　244
（2）　グレゴリオ暦とディグリー占星術の関係性　　　　245
（3）　タロットとディグリー占星術の関係性　　　　　　246
（4）　ハーモニック占星術とディグリー占星術の関係性　247

おわりに　　　　　　　　　　　　　　　　　　　　　　250
著者紹介　　　　　　　　　　　　　　　　　　　　　　252

I

ディグリー占星術とは何か
What is the astrological degrees

1 12サインは
アカシックレコードの盤

12サインは人工的な幾何学図形
時間と空間の外にあるアカシックレコード

　西洋占星術では12サインの分類法を、性格づけの基本シートとして活用します。
　どんな感受点や惑星もこの上に乗るので、12サインはピザの生地のようなものです。これは地球の赤道の延長の天の赤道と太陽の通り道の黄道が交差した春分点を牡羊座の0度にして、黄道を正確に30度ずつ区切ったもので、実際の星座（コンステレーション）とは全く違うものです。
　そもそも星座は30度ずつ都合よくは分かれていません。
　12サインは人工的に考えられた幾何学図形的な区分なのです。
　宇宙には、どんな出来事も失われることなく記録される「アカシックレコード」というものがあるといわれています。このアカシックレコードは12のロゴスというものが白ノートになって、そこに書き込まれます。似たような記録は同じ場所にストックされます。
　このアカシックレコードのディスクは時間と空間の外にあります。
　宇宙には、複数のサイズや範囲の違う時空間スペースがあり、ということは、この基本的な12の枠組みのシートは、具体的には複数のサイズに分割されていくということです。そして範囲の大きなものから小さなものまで、レイヤーになって記録されます。
　この大から小までの連鎖する重なりは、たとえると、大きな円盤と小さな円盤までのなだらかな重なりに見えて、重なった様子はちょうどどんぶりか編んだ籠のような印象です。

西洋占星術の12サインは
人が地球で体験することだけを記したもの

　最近はアカシックレコードというよりは、シンプルに「ディスク」という言い方の方が一般的になっている面もあるかもしれません。ディスクというだけだと何の意味かさっぱりわかりません。そのさっぱりわからないところが、通じている人々の間でしか通用しない言葉を使っているという満足感を与えるのかもしれません。

　果てしなくサイクルの大きな宇宙的なアカシックレコードもあれば、地球での出来事のみを記録したものがあります。

　構造は同じなのですがそれぞれサイズが違います。

　大まかな分類としては、私はプラトン式のものをよく考えます。これは地球の歳差活動での1回転を示す2万6000年単位のプラトン年。その12分割の2200年単位のプラトン月。さらにそれを30個に分割した72年単位。

　この中で、人間として生まれ、地球での体験のことのみを記録したディスクが、実は占星術で使われる12サインなのです。

　プラトン年月日では1日を示す72年単位に相応します。これは円が12の区画に分類されているという点では、大きなディスクと同じ構造ですが、12の区画のスタート点が春分点にあるというのが特徴です。

　春分点は地球と太陽の関係でのみ成立し、また小さな時間単位で扱われるということで、このアカシックレコードのディスクは、地球上のことだけが記録できるローカルバージョンのディスクです。

　広島のことしか書いてない広島のかわら版みたいなものです。12サインは地球に生きている人類に関係したことのみが書かれます。

お正月から1年が始まるのか
春分点から始まるのかで枠組みが異なる

　12の区分のうちの一つは30度の幅があります。30度ずつ、12個のセットだということです。

　私達はカレンダーを使っていて、これは12ヵ月、それぞれ30日前後ですから、このカレンダーは12サインと同じ構造のものをグレゴリオ暦のお正月をスタート点にし

て貼りつけたものです。

　占星術で使う12サインとグレゴリオ暦のカレンダーの違いは、大まかには、今のお正月から始まるのか、それとも春分点から始まるのかという違いしかありません。

　例えば、4番目のセクターの中の16度というのは、グレゴリオ暦では4月16日の性質と同じで、占星術のような春分点から始まる区分では、蟹座の16度ということになります。

　しかしグレゴリオ暦の区分は、グレゴリオ暦を認めない国では通用しません。

　その点では12サインよりももっと範囲の小さな枠組みだと考えるとよいでしょう。それとグレゴリオ暦は、宇宙的に根拠のないスタート点を使いますから、グレゴリオ暦の先に、より大きな宇宙がつながるということがない、いわば虚空（こくう）の中に孤立した輪であるともいえます。

　春分点からスタートするものはより大きな12の円に接続されており、春分点は、これまでの12サインの枠組みには入りきれないような大きなパワーが、そこから入り込んできます。

　グレゴリオ暦の輪は、飛び出しても先には何もないので、ずっとグレゴリオ暦の中でいつまでも同じ回転をするしかない、というのが特質です。

　これはより大きなコスモスとのつながりと絆を拒否した、すなわち「人間はどこからも独立している」という信念によって作られたものだからです。

新規なものは「新しい」ものではなく
未来にあるものを今に持ってきたということ

　日本では、4月に学校とか会社が始まります。それは4という数字が示す集団的な枠に入れるという意味が、グレゴリオ暦を使う人々の間で共有されるということで、12のロゴスの4番目に当たる記録領域が、グレゴリオ暦という小さな範囲の枠組みの中に転写されているということです。

　アカシックレコードの中には、この集団の箱の中に入れるという大テーマの中にある、種々の反応、細かい出来事などがストックされています。

　また、この宇宙には新しいものは何もないという考えがあります。

　アカシックのアカーシャというのは、時間と空間を超えた普遍的なエーテルであるアカーシャのエーテル、第五元素に関係していて、だからこそ、過去も未来も記録さ

れ、それが失われないのです。

　これを四つの元素に分解すると、四つの元素はそれぞれが一つのものを分割した片割れ的なものなので、一つが強まると一つが弱まり、勢力の変化が生じて、この動きが、時間と空間という陰陽活動や新陳代謝、栄枯盛衰の動きを作り出します。

　これは時間と空間の範囲の中にあるものはレコード装置としては役に立たないということでもあるのです。

　地上の時間と空間の盛衰の中にある書物は燃えたり失われたりするし、また過去のことは書いてあっても、未来のことはわかりません。これではアカシックレコードとしては役に立たないのです。

　アカシックレコードに、どんな出来事も未来から過去まで全部保管されているのならば、やはり新しいものは何もないと考えてもよいでしょう。新しいことを始めたというのは、未来に既にあるものをここに持ってきたということです。

　つまり、すべての行為や印象、出来事は、データストックの中から特定のものをアクセスして、ここに持ってきたということです。

　時間と空間の中にある存在は、分割された部分から部分へと移動するようにできているので、すると、意識としては限定されていて、ごく一部のものしか見えてきません。一部に光が当たり、それ以外はみな暗闇で何も見えないのです。こういうところで、暗闇の中に保管され、今の自分の手元にはなかったものを持ち込んだら、それは新しい創造のように見えてくるというわけです。

　視野が広がると、実はそれはここではない違うところに、あらかじめからあったものだったことに気がつくのです。新しいことをしたように思えても、それは昔から、多くの人がよくやっていたこと。そのことに気がつくには、時空間の狭い範囲の中に自分が閉じ込められていない、もっとリラックスして広い意識で見なくてはなりません。

12年ごとに同じ体験をする不可思議
アカシックの記録を木星が引き出してきた

　西洋占星術を長くしていると、少しばかり驚くような体験をします。

　木星は12年で12サインを1回転します。ですから12年ごとに同じ場所に来ますが、木星が同じ場所に来た時に、同じ人が12年前と同じように連絡してきて、そして12年前と同じような印象がやってきて、同じような事件が起こることがあります。

つまり、この12サインというアカシックレコードのローカルバージョンの中に記録されているデータを、木星というピックアップが引き出したのです。
　私の個人的な体験では、前回出会った同じ複数の人が12年過ぎてやってきて、しかもその出会いの順番が同じで、ということを体験したことがあります。
　実際には他の惑星の位置は全く違うし、占星術の場合、東洋占いと違って、実は同じ惑星の配置の再現は永久にありえない、つまり要素還元主義ではなく、複雑系の動きなのですが、それでも一部だけ取り上げると似ています。
　同じことが起きた時に、私が受け取る印象は違います。
　前回は新鮮だけど2回目は「またか」と思うかもしれません。この情報を受け取った時の私の態度の側もセットで記録されます。
　実は、主体とか観察者、体験している人が不在なままの、出来事だけが冷静に生じるということはこの世には存在していません。
　ですからアカシックレコードは、誰が見ても同じ出来事だけが粛々と記録されるということは理屈としてありえないのです。出来事には必ずそれを観察した人のリアクションや感情、姿勢、どう見ているかなどということがセットで記録されます。
　客観的という言葉は、主体と客体の両方を大きな視点から見ることで、観察者不在の対象だけを観察するということではないのです。
　観察者と観察対象はセットで初めて現象が成立するので、観察者不在の事実というのはありえないことなのです。
　人類が死滅した後、ロボットだけが活動しているスピルバーグの映画『A.I.』のような世界は存在しえないのです。
　もしそれらが存在しうると想像するならば、誰の視点で見ているのかということを考える必要があります。何かから何かに向けて射出される時、意識が存在し、また印象が存在します。射出する側の主体とそれを反射する客体の両方で印象が成り立つので、片方だけだと印象など何もないのです。この世の出来事も現象もないのです。ということは、アカシックレコードを読んだ時も、みなが同じ光景を正確に見るということもありません。

個人の主観と思い込みから脱却することは
集団的な思い込みへとシフトすること

　12サインは、昔から多く人が「このサインはこんな性質」、「このサインはこういう行動をする」と説明しますが、そこには、それを読み取る人の視点が加わっているので、全員が違う読み方をします。

　そういうそれぞれの視点を除外して、誰にも共通する「冷たい」ファクトのみ説明してくれという人がいるかもしれませんが、そんなものは存在しないのです。あるとすると、もっと集団的で鳥瞰的な「集団的主観」から見たもので、個人の思惑は超えているが、しかしもっと集団的なところでの大きな主観から、その視点とセットで記録された印象ということなのです。

　それは主観を抜いたという意味ではなく、もっと大きな主観の下に、ということです。全員を包んでいる空気は誰も認識できません。でも、ちゃんとそういうものは働いています。

　個人の思い込みを捨てて冷静に見ようというのは、個人の思い込みから集団的な思い込みへと視点がシフトすることです。

　アカシックレコードならびに12サインの印象や意味、出来事は、少しずつ変わっていきます。また蓄積され、新しく書き換えられ、異なる解釈が生まれ、いろいろな印象の結合が生じます。

　読む人のセンサーによってデータが変わるので、誰かにアカシックリーディングをしてもらうと、そのリーダーの世界像とか見解が濃厚に加わります。

　ヒプノセラピーはクライアントが自分で読むので、ヒーラーの方は関与していないように見えますが、誘導の段階でしっかりヒーラーの世界観に引き込みます。その枠内でしか見えなくなってしまうものなのです。

　具体的にアカシックレコードに接触したい時、わりに詳細にそれを読みたい人は、漠然と海のようなものの中を漂うよりは、12サインを読むのがよいでしょう。それはアカシックレコードと同じものです。違いがあるとしたら、12サインは地球体験の記録しか書かれていないということです。

　象徴的な言い方をすると、太陽の層から地球的な層を切り出して、そのプレートの上に書かれたものです。

2 サインの内部の細分化

**12サインだけでは大雑把な分類になってしまう
より細分化することでリアルなイメージが得られる**

　12サインは、宇宙的な記録アカシックレコードの地球専用の縮小版であるという時、これを使うのにただ12個のサインの分類では大雑把すぎて、それだけでは実用的に使うことができません。

　一つのサインは30度あるのですから、この1度ずつ使うくらいがちょうどよいかもしれません。私が考えると、実はそれでもまだ足りないという気がします。個人的には、おそらく3600くらいに分かれていると、比較的リアルなイメージとして使えるのではないかと思います。

　1925年にマーク・エドモンド・ジョーンズが試みたのは、サイン、それぞれの度数のイメージをそれこそアカシックリーディングしたサビアンシンボル実験で、これだと360個です。

　アカシックレコードのデータは誰でも読めます。

　意識状態が目の前に見えるものだけに集中してしまうような緊張、つまり視野狭窄の状態を解除して、リラックスさせると、アカシックレコードの内容がなだれ込んできます。つまり、マーク・エドモンド・ジョーンズが試みたのは、誰でもできるようなことでした。

　ただし、どんな内容をリーディングしても、個人は、これまでの経験的な知識によって、それを変形し、その人なりに説明を施そうとします。リーダーには、その人なりの知的な背景があります。

　ですから、中国人という言葉が出てくると、中国人は何を意味しているのか、本人の考えを照合しなくてはなりません。ある人は中国人を「歴史のある叡智」とみなすかもしれません。ある人は「裏路地で下水から集めた油を料理用に販売するような危険な人々のいる、怖い場所」と思うかもしれません。他にも、世界の人口の5人に1人は中国人とか、バブルの最中、猿や犬を食べるような国など、さまざまです。

　意味を与える側と与えられた側、主体と客体のセットがデータですから、中国人と

いうシンボルが出てきた時には、リーダーの考え方や見方も一緒に入れて読まなくてはなりません。

私の記憶 ①
集団ヒステリーのよる殺害現場を目撃

　私は1万1500年前の記憶ということで、ある人物が集団ヒステリーによって惨殺されたという記憶がありました。それを目撃した私はショックのあまり、心身組織の腰の部分に亀裂が生じたのです。

　その時に殺された人物は、今はオリオンのずっと奥にあり、オリオンには属していない星に住んでいて、ある朝、私が目覚めた時に、隣にやってきて「君の腰の悪さは自分の責任だから、自分が治療しよう」と言われました。

　こういう場合、集団ヒステリーで人々に取り囲まれ、その真ん中で死んだという光景に似たものは、映画『アレクサンドリア』で、被害者は宗教的な集団ヒステリーに陥った人々が投げる石によって死ぬという光景です。狂信的な人々が、興奮してそんなことをするのです。それは同じ記録帯です。

　ですが、集団ヒステリーはある種の興奮作用のエネルギーの渦であり、それが集合した力の場の中心で、この世でない、より高次な世界に飛び出したという解釈をするとどうでしょうか。

　その人はもう長くは生きているつもりはなかった。だから、外の世界に飛び出したかった。そのためには、より強力な飛翔力が必要で、ロケットが飛び出すくらいの燃料の爆発力を集団から集めた。人々の感情を集めてより強い圧力にすると、それは浮力に変わる。

　このように見てしまうと、悲惨な事件は全く悲惨でなくなり、エネルギー場の実験と化してしまいます。

　私はそれを目撃して、身体の腰に亀裂が生じて、腰を折り目にして、上半身と下半身が分離したのですが、異なる解釈をすると、それは飛ぼうとする上半身に対して下半身は、まだ飛べるほどには軽くなかったために取り残された。

　その結果として、腰から折れ目が残ったということになります。

　私がそのように見てしまうと、事件は違う意味を持ち始めます。

私の記憶 ②
江戸時代の振袖火事に遭遇

　江戸時代の振袖大火の時、私は江戸の北東の一角の人々の逃げ場を誘導したという記憶があります。
　ですがその時、私は肉体的には生きておらず、ある種のネットワーク的な存在形態で、無理にかたちにしてしまうと、緑色のタコのようなもので、その触手の一つが江戸時代に釣り糸を垂らすように降りていました。
　大火から逃げる場を誘導したと思っていたのですが、実はこの私が誘導した人々は、もう既に死んでいて、誘導というのはいわゆるリトリーバル、つまり死後行き先を誘導するというものです。
　つまり、そもそも私はその時に人間になっておらず、ある種のネットワーク体ですから、私からすると、生きている人と死んでいる人の区別がはっきりとはわからないのです。
　そこで、私が今でも考え込んでしまう面があります。
　肉体的なところで死んで、その後、その人々は逃げ場を通じてより上位の安全な次元にシフトした。しかし、その人達はまだそこにいて、その先にどこにも行っていないのです。
　もう肉体的な次元ではないので、歴史の時間は関係ありません。
　だから、千年でもそこに留まることが可能です。
　この場合、どこまで連れて行けば「あがり」になるのかということです。
　究極の次元、つまり絶対の無の領域まで、ということはないでしょう。それなら、その手前なのか。
　全太陽⇒太陽⇒全惑星⇒惑星⇒全月⇒月という次元連鎖で考えてみると、大火で死んだ後、地球上をさまよう幽界の領域は月です。それに対して、秩序あるシステムとしてのエーテル体領域は全月システムで、これは上位の次元につながります。
　地球の持つ月だけが幽界に閉じ込められ、そこから抜け出すことが困難です。なぜならこの月は孤立の構造の中にあるからです。

私は人々を誘導したのか迷わせたのか
解釈によってどんどん変わっていく

　リトリーバルは、ある段階まで行けばそこで終了です。後はそれぞれの人の判断で選んでくださいといったとしても、その人達は自力でどこにも行けるわけではないのです。なぜなら江戸時代の人々、「お上の存在する世界に住んでいる人々」なのです。

　さらに、その先の通路を探す気がなく、私の指示待ちだとすると、「江戸時代の世界構造には、小さくまとまった完全性があるが、同時に、より大きな世界に向けては通路がないという特有の欠陥がある。それをより大きな世界に連結して、誘導する」というテーマは、私にとって義務というよりは楽しみになっていき、その通路を構築する都度、大火でリトリーバルした人々がその通路を通じて、ぞろぞろと移動します。

　実際、江戸時代の世界が次の世界に向けてというと幕末維新ですが、それはかたちの上の変化だけで、幕末維新は江戸時代の世界の次ではなく、江戸時代の世界観を取り残したかたちで始まります。

　江戸時代の世界観はそのままでさらに大きなところに発展するような、「元のかたちを壊さず拡大する」黄金率渦巻きのようなシステムが必要です。そして通路にはどこでも同じという意味での通路は存在しておらず、種々の道があるのです。

　江戸の大火で誘導したのか、それとも迷わせたのか、救ったつもりでさらに面倒なところに連れて行ったのか。解釈はどんどん変わってきます。

　江戸時代から避難すれば救ったことになる。しかし今もずっと同じ場所で退屈な顔もせず待っているという点では、困ったことに引き込んだ。

　彼らはアニメ『涼宮ハルヒの憂鬱』の「エンドレスエイト」という話のように、同じところをぐるぐると回っています。

一つの度数の中にも多くのデータが記録されている
全く違う面を見せることもある

　主体とセットのデータは、このように視点を変えると内容が変わるのです。そして何度も言いますが、変わらない主観を抜いた事実というのは存在しないのです。

　主観を抜いたつもりの時には、もっと大きな集合的主観に支えられて、多くの人

が共有する印象というものがあるにすぎないのです。

　今はオリオンの背後に住む人がパニックの中で死んだというのと、江戸の大火で死んだ人々が異なる領域に誘導されたというのは、異なる事件ですが、アカシックとしては関連性のある場所にストックされます。

　事件を利用した救済といえるかもしれませんが、これらの場の移動というのは、アカシックレコードの12の区画の中の9番目のセクター、すなわち射手座の19度あたりに関係します。

　閉じ込められているのは18度です。

　火事、集団ヒステリーは17度です。

　一つの度数の中にも、たくさんのバラエティあるデータが記録されています。掘り下げる深度によって、全く違うように見えるものも出てきます。

　事件を目撃した私の腰が、飛べないまま地上に取り残されたのは、腰の下が多くの住人と同じような考え方に同化していたからで、腰の上はオリオンの裏側の星に飛んでいく人と同化していたのです。

　江戸の大火の時、救済されても、その後、同じ場所にじっとしているのは、精神構造が江戸時代に同化しているからです。鎖国した国の世界観は、よそとつながらないというのが特質です。

　リチャード・バートレットの『マトリックス・エナジェティクス』（小川昭子訳・ナチュラルスピリット）という本には、医師とクライアントの関係では、医師が病名を決めてしまうために、クライアント側はその関係から抜け出せなくなり、病気が治らなくなるということが書いてあります。患者と医師の場合には、医師の方がより強い圧力を持った主体であるということになります。患者の方はそれに抵抗するには、知識がなさすぎるのです。

　アカシックの記録には、さまざまな時代のさまざまな立場の人の視点から見たところの印象というものが満載されていて、そうした人々の視点を通じて私達は印象を受け取ることになります。

　フィルムと読み取り機が両方セットで置いてあります。

　12サインの性質というものは、共通する法則性はありますが、同じ解釈というものはあまり存在していません。多くの占星術の人々が12サインに関しては、いろいろな説明をすると思いますが、全部正しいとは限らないのです。

　自分はそれについてよく知っているのだと誰もいえません。

3 数が持つ特有の意味

**それぞれのサインの度数ではなく
占星術すべてに共通する意味を解き明かす**

　占星術で活用される12サインの中のそれぞれの度数には、共通の意味があると考えます。

　サビアンシンボルはそれぞれのサインで異なる360種類のシンボルを表しているのですが、やはりそれぞれのサインの中の共通の度数には共通の性質があるように思います。そこで本書では、それぞれのサインの度数を説明するのではなく、すべてのサインに共通な度数の数字の意味について説明することにしました。

　サビアンシンボルはシンボルとして表現されています。

　例えば、牡羊座の0.00度から0.99度までのシンボルは、"A woman rises out of water, a seal rises and embraces her."＝「女性が水から上がり、アザラシも上がり彼女を抱く」というものです。

　リーダーは意味を理解することなく、ただそういうイメージを牡羊座の1という数字に抱いただけです。

　これを考える場合、まずは数字の基本的な意味があってそれを肉づけしたものが、サビアンシンボルであるとみなします。

　何か具体的なイメージに落としにくいものをまず言いたい。そのうちに自分の記憶の中にあるさまざまなイメージで、それに関連したものが引き寄せられ、この「何か」の周囲にまとわりついたのです。イメージを引き寄せている間は忘我状態です。

　水は種々のものを結合させてしまいますから、この結合という渾然一体とした状態から、抜け出してスタートすることに1の数字のイメージを託したのかもしれません。

　しかし、また元に戻りそうな引力を感じる、弱気になると意志が消えてしまうという、何となく不安な危惧の感情が後ろから来たアザラシのイメージを引き寄せたのかもしれません。

　同じ1にしても、アザラシを見たことのない住民は、ここにアザラシと同じ意味の違うイメージを貼りつけることでしょう。

ですから、サビアンシンボルが中心になることはないのです。

シンボルは時代の中で変遷する印象とか、個人的なイメージを流用したものにすぎません。

人類には普遍的な象徴とかイメージというものがあるとしても、サビアンシンボルではそれはあまり頻繁に登場せず、わりに安っぽいと思えるイメージの方が多いようです。それは本体に洋服を着せたようなものです。

乙女座の6度にメリーゴーランド、そして7度にハーレムというシンボルがありますが、軸に数字があり、その周囲にぐるぐると動くおもちゃのウマとかハーレムの女性達がいる。それらが鮮やかなイメージだといえるのです。軸がなくなるとイメージは失速して、無意味なばらばらな印象の残骸に化していきます。

度数の意味を考えて掘り下げることは 西洋占星術を学んだ人にこそ最適な方法

数の意味を言葉で簡単に説明することはできません。

それはたくさんのいろいろな意味を同時に含んでいるからです。数字の意味を吟味しながら、サビアンシンボルのイメージを考える時には、それまで判明しなかったような要素というものが、だんだんと明らかになってきます。そしてばらばらな不規則なものが並んでいるように見えたサビアンシンボルも、実はある種の秩序に従ったかたちで、配列されているということを認識するようになるでしょう。

サビアンシンボルの研究者のディーン・ルディアは、サビアンシンボルは比較的不規則な意味が並んでいるので、それは12サインにアカシックレコードが貼りつけられたことを示唆しているのではないかと推理しましたが、まず12サインそのものがアカシックレコードの地方版であり、またサビアンシンボルのイメージに不規則性は感じられません。

それはでこぼこしていません。でこぼこしていると感じたとしたら、サビアンシンボルの言葉のイメージに振り回されすぎているのではないかと思います。

メリーゴーランドのウマやハーレムの女性達に目線を集中させると、それらが金属の軸とかサルタンが作り出した中心軸に引き寄せられた周辺性だということを失念してしまいます。

そして一つのウマの鞍の出来が良いとか、1人の女性の洋服が素晴らしいとか、

その差異性に気をとられてしまいます。

　数字の原理というのはある程度共通しているものなので、占星術以外でも、例えばタロットカードの大アルカナカードとか、あるいは九星気学とか、生まれ月日の数霊とか、参考になる部分が多いでしょう。

　細かくいえば、空間的な数字と時間的な数字が組み合わせられると違った意味を持つので、タロットの中の7とサインの7番目の天秤座の意味は微妙に違うのですが、とりあえずここではそれはあまり問題にしないことにします。

　西洋占星術に詳しい人は、12サインの性質についてはある程度学習していると思います。ただ実際の問題として、たった12種類しかないので、慣れてくると行き詰まることになります。もっと掘り下げて細かいところを読みたいと考えるようになるでしょう。

　そのような時には、12サインの中にある30種類の度数について考えてみるとよいのです。実際の話、獅子座の1度と獅子座の2度では、相当性質が違ってきます。

　正確に計算するということが必要で、パソコンで計算してください。天文暦を使って比例計算した場合には誤差が多くなるでしょう。古い時代の天文暦では平気で2度ぐらいズレていることがありました。

4 天体の意味

**サインは惑星の位置が異なると
構造は同じでも内容が異なってくる**

　12サインに表れているアカシックレコードの、いわば簡易版のデータは、それが包括する時間単位・空間単位の範囲によってサイズが違い、複数のレイヤーのようになっていると説明しました。

　これは例えば惑星は公転周期の違いによって、アクセスする意識の深さが違うということも関連づけてみるとよいと思います。

　占星術は、プラトン日に対応する72年単位のサイズの12のプレートだといいましたが、この一つのプレートも内部的に複数の種類で成り立っているのです。

　惑星はアカシックレコードから情報を引き出すピックアップです。1枚のCDがあって、その中のどれかを聞き取るのにはレーザーピックアップがどこかの場所を読み取る必要があります。

　月は12サインを1回転するのに28日くらいかかります。しかし冥王星が12サインを1回転する時に、二百数十年かかります。そのため同じ牡羊座でも、同じ内容が書かれているとは思えません。

　惑星の公転周期がそれぞれのピックアップの意識の深さを表すとしたら、ここで地球限定バージョンのアカシックレコードは、惑星の数が10種類だと10枚のディスクに分かれていると考えるとよいでしょう。その10枚のディスクの牡羊座に書かれている内容は、構造的に似ていますが内容は同じではありません。

　月が牡羊座にある時には二日半程度の重みのデータです。しかし冥王星ならば、そこに十数年留まり、その重みを持ったデータのみが記録対象になります。

　この冥王星が刻み込んだデータを月のピックアップを使って読み取ろうとすると、内容そのものを取りこぼし、悲しいと思ったとか楽しいと感じたとか、月が情報化し、変形させた内容だけが取り出されます。

　12サインは、活用するピックアップによってトレースする場所の深度が違い、すると内容は違うということです。

♇ 冥王星

太陽系の外側と内側をつなぐ境界線
異物を消化するか消化されるか

　10天体のうち最も遅い公転周期であり、12サインを移動するのに二百数十年かかりますから、最も深いデータ領域を掘り出します。

　太陽系の外側と太陽系の内側をつなぐ境界線の弁のような働きで、太陽系の内側から見た視点と太陽系の外側から見た視点の二極、すなわち表と裏に入れ替わります。

　つまり異物を入れて、太陽系の中での活動に新しい活力を与えます。今まで食べたことのない食べ物を食べて、それが消化されることで、新しい動きが始まったというようなものです。

　このピックアップで拾った情報には、ほとんど個人情報が入りません。というのも個人は80年前後の寿命です。つまりそのくらいのサイズの円です。

　ところが冥王星はその3倍くらいの長さの円ですから、個人の意識の範囲をはみ出しているのです。少なくとも3人分くらいの人格を溶かして結合したようなものですから、個人の判断力よりも普遍性のある作用として、その視点から記録を書き込み、また読み取ります。

　世代の動きや時代の変化、共有したかたちで動いていく意志、行動、そして異質なものに出会って、それをどう取り込んでいくかということの努力に関わります。

　より大きなものに出会ってそれに飲み込まれるのか、それとも飲み込むのか。消化すればより力強く生きる。消化されれば、その段階で自分が消えて、より大きなものの中で再生します。

　もっぱらこの、ある枠の中で活動しているものが、より大きな力に対してどう振る舞うかということに関わります。

　表と裏の視点に切り替わるというのは、主客の転倒が関係します。つまりあるものを見ている。見ている時には、見ているという行為によって、見ているものは自分を守っています。ですがじっと見た後で、自分の立場を忘れると、それまで見ていた対象は自分の中に食い込んできます。

食い込んでこないように防衛するには、ずっと対象を見ていなくてはならないのです。そうできなくなった時には、今まで客体だったものが自分に溶け込みます。

私達は食べ物をじっと見て、それを口の中に入れますが、すると、それまで対象として見て、外部にあったものなのに、口に入れてすぐに内部で感じる意欲や実感、熱に変わってしまいます。もうそれは自分自身の一部になってしまったのです。

それまで外に見ていたものが見えなくなり、自分の一部に加わった。それは驚きの体験です。

魚座の終わりで夢見ていたものが牡羊座の始まりのイメージへとつながっていく

冥王星はこのように口に入れるか入れないかという境界線の作用です。

そのため、12サインの区分でいえば、魚座が終わり次の牡羊座が始まる瞬間、つまり春分点のゼロ地点にも関係します。

魚座の終わりで夢見ていたものが牡羊座の始まりで、その夢見のイメージになりきってしまい、すると、それをもう対象として見ることも夢見ることもしなくなります。同化してしまったら、もう自分を見ることはできません。

自分の意識が働くか働かないかという境界線で異物に出会い、それとどう関わるかということに関わり、その侵入が12サインのどこで、どの度数で起こるか、それによって、そのサインの度数の部分が、価値の変容や変身などを起こします。

日本語の「サカ」の表す意味、裂け目、坂、境目などの外との接続は、それ以後のコースを変えてしまいます。超個との接触は、それまでのレコードの内容の読み方を変えてしまうということでもあります。

異種知性との接触というふうに考えてもよいかもしれません。異種知性は、私達の知性とは違い、見方も考え方も違います。

私達が私達のこれまでの考え方を続け、それによって防衛し続ける限りは、永遠に異種知性は接触してこないし、私達はそれを認識することも、存在の可能性さえ考えることもないでしょう。冥王星はそこに切れ込みを入れるので、やはり春分点的な作用と密接に関係していると考えてもよいでしょう。

たとえでいえば、冥王星のピックアップでトレースするアカシックレコードのディスクは、異種知性との接触の歴史、裂け目に関係した内容です。異種知性という個

体で想像するのが苦手な人は、もっと違うイメージで考えるとよいでしょう。
　このような内容は自分の生活にはあまり関係していないし、日常の生活に程遠いと考える人は、冥王星のピックアップでトレースする直径260年前後のディスクは必要がないともいえます。実際、地球環境の中で、特に日本の特定の地域で、個人としての生き方を探求したい人は、もっとサイズの短いディスクを読み取るべきで、冥王星の管轄のものは、既に説明したように、3人分の人格を溶かしてくっつけたような超個的な内容しか書かれていないのです。
　私が個人的な事例として挙げたオリオンの向こうに住んでいる人というような内容のものは、もっぱらこのディスクに書かれています。個人を超えるにはどうすればよいかという目的の人のためには、このピックアップが拾ってくる情報はわりに重要項目です。

死、異界、河童、水
これらは冥王星的なものの現れ

　民俗学者の折口信夫は異界生命の例として、『河童の話』でカッパについて言及しています。川上から箸や椀が流れてきたという隠れ里の話は、川が境界線を示し、また食物を口に入れる時に使われる箸とか椀の関連も、冥王星的です。
　壱岐の殿川屋敷(とのかわ)で女が井戸に飛び込み、底に椀が沈んでいるという内容は、椀がディスクであることに注意するとよいでしょう。
　死を通じて個人の人格を超えた領域に入ると、そこに冥王星のトレースするディスクがあります。
　折口信夫は水に捧げる嫁、つまり生け贄、水に関係した土木工事で女の人柱が使われていたという内容と、カッパを関連づけています。
　冥王星は蠍座の支配星で、蠍座は水のサインであり、また深い水の底のような意味も含んでいます。死、異界、異種知性、カッパ、水。これらの内容は、冥王星がトレースする12サインのディスクを読み取ると、たくさんの記録があります。

♆ 海王星

冥王星の影響力を太陽系内部に
大きく広げるのが海王星

　海王星の公転周期は冥王星の3分の2で、つまり冥王星と海王星は3：2の比率で回転しているということです。
　時間サイクルとして、3倍で移動するものと2倍で移動するものは、意識の持続力、すなわち深さという点からすると、2と3の数字を互いに入れ替えます。
　冥王星が一つの単位として持ち込む影響力を、すなわち冥王星の公転周期1回分で完結するものを、海王星は太陽系内部に大きく広げていきます。
　常に2と3の関係として冥王星と二人三脚的に働くのならば、冥王星が持ち込んだ影響力を使って、さまざまな夢見をすると考えてもよいでしょう。つまり、異種知性のバリエーションを作り出すのです。3分の2というのは内部で夢見るものと考えてもよいのです。
　公転周期が長いものはより深く、短いものはより浅いと考えると、冥王星が持ち込んだものを、海王星は太陽系内部の記憶の中で似たものと関連づけ、冥王星よりももう少し軽いものにしていきます。冥王星が死の淵だとすると、その淵の手前で夢見るものです。
　冥王星は蠍座の支配星で、蠍座は、水・固定サイン。海王星は魚座の支配星で、魚座は水・柔軟サイン。
　水・柔軟サインは、雲とか霧のように希薄な、空気を含む水として拡大し、輪郭を失い、種々の「まだ生まれていない可能性」を引き寄せます。淡い水、まだかたちになっていない子供。となると、淡島神社の伝承を思い出す人もいるかもしれません。
　『古事記』で国産みをするのは、伊佐奈岐命と伊邪那美命です。この2人は、淡路島の西側といわれているオノゴロ島で国産みを試みましたが、最初は、硬い国土や神を生むことができませんでした。
　初めは、未熟児の水蛭子と、何とも頼りない淡島だったのです。「然れども、くみどに興して　子　水蛭子を生みたまいき　この子は葦舟に入れて流し去てき。つぎに淡島を生みたまいき。この子もまた子の例に入れず」(『古事記』より)

この水蛭子は葦舟に乗せて流してしまったのですが、これらは海王星とか魚座のイメージにかなり近いものです。冥王星と同じく水底に働くものだとしても、水の底の椀でなく、そこに拡がっていた藻のようなもので、それはまだ固まっておらず、漂っているのです。

死の淵が冥王星であるならば
その淵の手前すれすれにあるのが海王星

　海王星がピックアップになる12サインのディスクは、このように固まっておらず、輪郭があいまいで、しかしアイデアとかの宝庫になるでしょう。
　創造的な意志は、特定の時間・空間の枠の中にその成果をもたらすと、それは「固まったもの」となり、淡島でもまた水蛭子でもない、確実な輪郭を持った堅いものになります。
　この固まったものとは、反対に考えると、他の時間・他の空間とは決して共有できない孤立したものです。孤立したものは閉鎖的で、他の影響を受けつけないので、それは明確な輪郭と堅さを持つのです。かたくなでどんなものも跳ねのけてしまうと考えるとよいのです。
　海王星のあいまいさ、すなわち輪郭がはっきりしない雲とか霧のようなものは、この固まった個人的な肉体性から解放されて、他の時間とか空間に、自分と似たものを見つけ出す傾向を作り出します。
　他の時代・他の場所に似たものがあると、それは仲間だと思い、共有されている体験があるとみなします。つまり冥王星の異界性・異物性はそれと似たものを内部に探すのです。似たものがないと消化できません。消化できる因子がないと、異物の食物は体内に取り込むことができず、次第に身体を破壊し始めます。
　しかし堅い存在は、それらを見ても、みな自分と違うと言い張ります。自分はここにいるだけで、他のどれとも違うと言い張ることで堅さを維持するのです。
　水蛭子であり淡島であることは、個人に閉じ込められた人が、そこからかたちを溶解して、広がっていくことの助けになります。つまりオノコロ島でのイザナギとイザナミの創造のフィルムの逆回しです。
　冥王星は異界との扉。そしてその扉の周辺で、輪郭のあいまいな周辺のにじみ、これが海王星です。

人が死ぬ時に天国の扉が開く。それはテレビでも映画でも、輝く扉として描かれます。その扉の脇に天使が立っている姿も描かれたりしますが、こうした光景が海王星に関係するのかもしれません。死の淵とその淵の手前すれすれで夢見るもの、これが冥王星と海王星のセットです。

形骸化した言葉の概念だけでは
海王星の内容はほとんど取りこぼしている

　海王星がトレースする場所は、個人の明晰な意識があいまいになり、溶けていき、異なる時間と空間の中に自分と似たものを発見して、この似たもの同士の共鳴によって引き寄せられ、小石が時間・空間の中に飛び飛びに配置されているような状況を使って旅をすることで四次元的な意識に入る、その架け橋になるということです。
　例えば、非物質的ガイドのような役割のものも、この海王星に関係したものでしょう。それは堅い被造物としての人格や肉体を持つ個人とは違う、にじみのある、異なる時空間に開かれた意識で働くものです。
　「科学的」という言葉は、堅い形成がされたものの中で通用する考え方ですから、この海王星領域では、あるいは異物の入る冥王星領域では通用しない概念です。
　海王星と冥王星の段階では、科学的であることは厳密性を失った、間違った態度になるということですが、もちろんもっと堅い、水蛭子でもなく淡島でもない領域では、科学は有用性を持つことになります。
　明晰な意識でとらえようとしても、冥王星は明晰な意識を反転させた裏側に働き、また海王星が輪郭をあいまいにするのですから、両方とも、明晰な意識ではとらえきれません。
　この意識状態を自分の中でちゃんと再現できないとピックアップが機能しないといえるので、この冥王星と海王星がトレースするディスクの内容を読むことができなくなります。形骸化した言葉の概念だけで読もうとすると、内容はほとんど取りこぼしているとみなしてもよいでしょう。
　例えば、ある瞬間に壮大なビジョンを見たとします。その時間はほんの2秒程度だったかもしれません。すると、海王星のピックアップで読んだ内容としては、その壮大な光景の記述が可能です。しかし海王星のピックアップが使えなかった場合には、2秒間フリーズして、心ここにあらずだったという記録だけが読み取れます。「壮

大な光景を見た」というのと、「2秒間、ぼうっとしていた」。この2種類の書き方は、同じ体験を異なるピックアップで読み取った場合の違いです。

♅ 天王星

人の寿命と近しい公転周期の天王星は
個人体験を通しての世界観を作り出す

　人間の個人としての寿命は80年前後です。天王星の公転周期は84年ですから、この天王星あたりから、やっと「個人として体験し、見えてくる世界の印象と意義」が作り出されます。

　冥王星と海王星には個体としての人型がまだないのです。それは蛇のようなものであったり、樹木のようなかたちをしていたりするものです。

　私は存在の階層を、2万6000年型意識⇒2200年型意識⇒72年型意識というふうに分類しています。つまりプラトン年⇒プラトン月⇒プラトン日に対応した存在性ですが、冥王星と海王星は、そのサイクルから72年型意識と2200年型意識をつなぐ、架け橋的なものだと考えます。

　箸墓（はしはか）の巫女は、三輪山の大物主（おおものぬし）と通信したといいます。このオモモノヌシはヘビのかたちをしたものです。また天照大神（あまてらすおおみかみ）も銀色の鱗を持つヘビと書かれているものがあり、それと一体化する儀式を「伊勢灌頂（いせかんじょう）」と呼びます。これらと通信する箸墓の巫女、あるいはアマテラスを背負って伊勢神宮を模索した倭姫命（やまとひめのみこと）は、2200年型意識とつながる、72年型意識を少しはみ出したものとして、冥王星や海王星の意識を持った存在とみなすとよいのです。それは人のかたちがはっきりしない、得体の知れない生き方です。

　それに比較して、天王星のピックアップを使ってアクセスしたディスクの段階で、やっと人生というものが出てきます。人型意識の72年サイクルに相当に近づきます。

ケーススタディ① ── 東日本大震災

2011年の東日本大震災は、天王星が春分点のすれすれ直前にある時に生じました。次の日に天王星は春分点を通過したのです。

72年型意識という、人の人生のものの見方に近いところでは、大地が揺れて地震が起きて、そして何か新しいスタートがあるという光景に見えます。

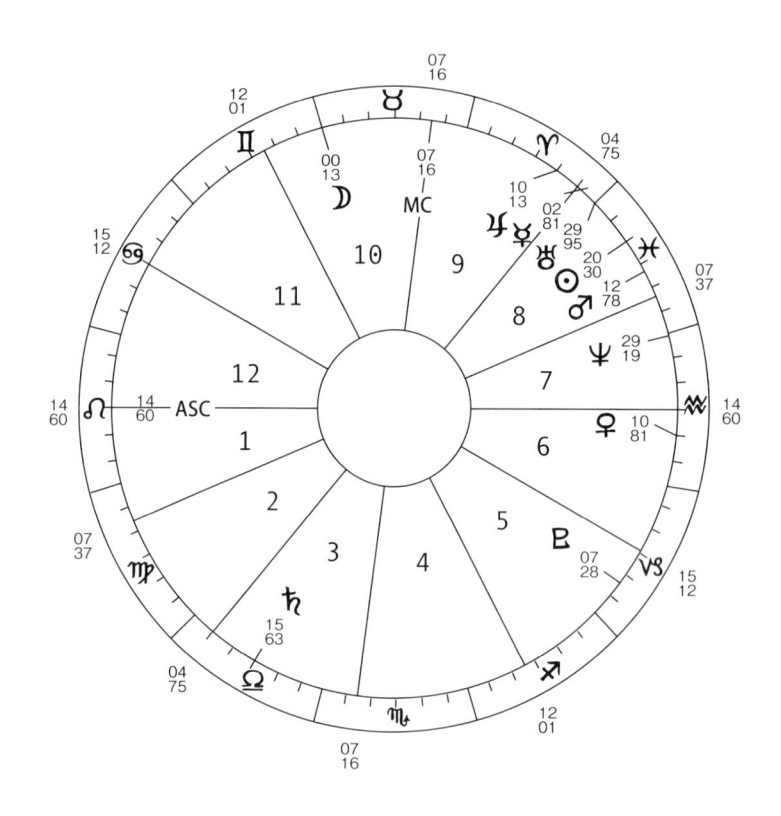

冥王星や海王星からすると、それは大きなスタート点でも切り替えでもなく、連続した流れの中でのことなので、つまり冥王星や海王星のピックアップでは、そこに異変は認識されないのです。特に何か変化があったわけではないし、あるとしても、春分点というような大きなゼロポイント的な切り替えではなく、度数を移行する程度のサイズのものということなのです。

海王星は水瓶座の29.23度にありましたから、水瓶座の総決算の位置にあり、この天王星のゼロポイント切り替え時期に、それぞれの人の差異を乗り超えてつながりを作り出すという、水瓶座30度 "The field of Ardath in bloom." ＝「アーダスの咲いている野原」の処理中でした。共通した人々をつないでいく。異なる時間・異なる空間にあっても、似ていればそれは関連づいたネットワークに属するものとみなす。

　冥王星は、山羊座8度 "Birds in the house singing happily." ＝「幸せそうに歌う家の中の鳥」の領域にあり、大きな範囲で籠の中にあるもの達が、共通ネットワークでつながっていることを表していました。籠は網目のネットワークであり、家は大きなクラスターです。

　これらが、天王星の開いた春分点の切れ目に持ち込まれてきたと考えられます。
　そして海王星からも冥王星からも認識不可能な光景として、天王星のディスクでは、目の前でこじ開けられる扉は東日本大震災という映像に展開されました。

　冥王星や海王星には何があったか、それは知られないのです。冥王星や海王星には地震というのは全く関心がないことです。というのも、それは人型の目で見た風景だからで、まだ人型にならないヘビのようなかたちをした存在形態からすると、「通りやすくなった」というくらいの認識しかありません。

　この震災の瞬間に、海王星意識に同調していた人は、見知らぬ人と前から知り合いのように親しく会話するという光景が見えても、その時に地震が起きたことは、添え物でしかありません。あるいは全く気にしなかったかもしれません。水面が揺れているという程度の認識です。地震があったのにそのことにあまり気がつかず、ぼうっとしていた。または違うことを考えていたということです。

天王星が春分点に入るタイミングで発生
天王星意識に同調していた人への「扉」となる

　天王星は人型意識が見る印象といっても、人生全体を見渡すようなトータルな視点であり、まだそんなに人生の細部には入り込んではいません。それは時代の変化とか、社会全体の動きのようなものを見ている視点です。

　ですが震災の時に、天王星は春分点の手前の魚座30度 "The great stone face." ＝「巨大な石の顔」の位置にありましたから、天王星意識に自分の重心を合

わせていた人は、自分の魂のかたちが完成し、後はそれを違う場所に飛ばしていくだけです。この飛ばしていくためには扉を開く必要があり、それが、天王星が春分点に入った3月12日午前9時50分に設定されていたということになります。

　春分点はゼロ時間であり、何分の間、春分点の扉が開いていたのかというのを考えることはできません。それは無時間の隙間です。

　天王星は人生をトータルに見る視点であり、それが魚座の30度に到達したということは、少なくとも、天王星意識に同調していた人は、このアカシックレコードのディスクの中では個人としての個体は完成したので、違う環境に飛び出すのが可能になりました。開けて欲しかったので、開けてもらったということです。

　飛び出した魂の結晶体を海王星はネットワークの中に絡めとり、冥王星は大きな家の中に回帰してきた鳥として歓迎したのです。

　私は水瓶座30度を、古い本では、死後多くの人が通過する「お花畑」として描写しました。冥王星が示しているのは、蜂の巣のようなクラスターです。

　冥王星と海王星、天王星のディスクを連結して情報化すると、地上の唯一の抜け道である春分点を開けて、家に戻った光景が描かれます。

　その時に死んだ人々は、今、大きな家の中にいるのです。地上での肉体的な生活を中心に考える人からすると、それは奪われた体験です。しかし、冥王星を中心にした意識で見るとゴーイングホームです。そして、そのために、死の淵の周辺のハレーション領域では友達がたくさんやってきて、案内したのです。

　東日本大震災をこのように受け取るのは、トランスサタニアンの冥王星・海王星・天王星の3枚のアカシックレコードのディスクの見方です。

　天王星のピックアップは、個人としてのその人のトータルな目的性。宇宙的な意識を、個体としての「堅さ」の中に封入して、人として生きることの意義というものを明確に打ち出します。それは細部に引き裂かれていないので、生活のこまごまとしたものにとらわれることはないです。ここからより早い惑星のディスクになると、全体から切り離されたもっと個人的な体験の領域に入り込んでいきます。

♄ 土星

天王星の意図の3分の1をつかむ土星
全体を把握することはなく指示通りに動くのみ

　土星は山羊座の支配星です。山羊座は冬至点からスタートするので、それは寒くて冷えていて、乾燥し、また新陳代謝の低下した、堅いものです。

　いろいろな食べ物は、放置していると表面が乾いて堅くなりますが、この堅い表面というのが土星の示すものです。

　地上のあらゆる有機物は保護膜としての堅い皮を持っていて、そうでないことには、その有機物のアイデンティティは維持できません。

　人型は72年型のサイクルの意識と説明しましたが、天王星は至近距離で、この人型人生全体を見る鳥瞰的な視点を持っています。この72年からずっと短くなる土星の29年のサイクルは人型意識の内側に入り込み、ローカルな世界でのルールや習慣、継続する目的、怠惰さ、防衛心などを形成します。

　人型人格の内部からものを見る視点で、それは72年という全長に届きません。すなわち自分の人生を鳥瞰的に、トータルに見る視点は手に入らないともいえます。

　例えば、ある立場を気にしている人がいるとします。人生全体からすると、こんなことはそんなに重要ではないかもしれません。しかし、29年スパンの意識からすると、まさにそれはリアリティであり、それよりも短いものや長いものよりも重要なのです。

　72年型意識を精密に分割したものは、サロスサイクルとしての月のノードの移動サイクルです。これは18年の公転周期ですから、四つ足すと72年になります。これとは異なる天王星の84年サイクルは、12サインの中の一つのサインごとに、平均でおよそ7年ずつ留まりますから、この7年の4倍だと28年になります。

　土星の公転周期をおおまかに3倍すると天王星の公転周期に相応し、海王星が冥王星の意図の3分の2領域で可能性を拡大するのに対比させると、土星は天王星の3分の1領域で、すなわち天王星の意図を3分の1つかんで、それを展開します。

　つまり土星意識は、「天王星という、人生全体を統括する意図を把握するだけの力はないが、その指示の通りに動いていく手足となる」ということです。

本来の土星の役割と
間違った土星の役割が存在する

　柔らかい身体を包む堅い衣服が土星の役割ですから、それは外気からその人を守ります。しかし、いつまでもそれが続くと、誤ったものとなるために、土星の作り出す殻は定期的に壊れなくてはならないといわれています。

　土星が、天王星の意図と指示の下に動くということを忘れてしまうと、この「任期を超えて、自分の立場を維持しようとする」という不自然なものが始まります。

　土星の外側の天体が見つかったのは18世紀です。それまでは外の惑星は発見されていなかったのかというと、古代遺跡などを見る限りでは決してそうではありません。つまり、土星よりも外側の天体は、ある時代から忘れられていて、あたかもなかったかのようにみなされていたのです。

　土星は自分を支配している天王星の管理を嫌った。自分がその3分の1を動いていることを許せなかった。そのため、その存在を忘れることで、自分に与えられた任期を超えて、その力を地上に振るったとみなしてもよいでしょう。

　本来の土星の役割と間違った土星の役割があるということです。

　古典的な占星術では、土星までしか使いませんから、古典的な占星術は封建社会の中で、土星に関する間違った使い方をしている体系であるとみなしてもよいでしょう。

　定期的に土星の殻は壊さなくてはならない。しかし、間違った土星の役割としては、自分の権利はずっと続くと考えていることです。自由を得るには、自由でないことを忘れてしまえばよいという考えです。天王星の存在を消すことはできないので、それがないこととみなすということです。

　実際には、この孤立することで自由だと思い込むという姿勢はまだ社会の中で続いています。

　地球社会は太陽系とか銀河系のリズムからは孤立しています。土星が自分の領分を超えて支配権を発揮したということも原因の一つです。でも、この地球社会では、まだこの習慣が残留しているということは、保守的な社会生活のことを読み取るには、土星をピックアップにすることによってのみリーディングが可能なディスクを使うことで、人型意識よりももっと範囲の小さな立場型意識のデータを読み取ることができるということです。

天王星は水瓶座の支配星で、水瓶座は風のサインで、いろいろな国の違いを超えて、普遍的に機能するグローバルな世界観を示します。
　土星は山羊座の支配星で、山羊座は土のサイン。それは硬い殻に守られた国家や組織、人などを表します。
　例えばヨーロッパが、イスラム社会に対して自らを鎖国して独自の文化を作ったというのは、天王星を忘れて土星が暴走したと考えてもよいでしょう。日本の江戸時代が鎖国したというのも、「天王星を忘れた土星」に固まったということです。開国は土星の閉鎖が解かれたとみなしてもよいのかもしれませんが、まだまだ土星は天王星に従属していることを徹底認識しているように見えません。
　企業とか国家組織が情報を公開しなかったり、独自の考えで動いていたりするというのは、天王星を忘れた土星の習慣が続いていることを表しています。

16とは崩壊を表している
大震災は土星から見える光景

　東日本大震災の時の土星の位置は、天秤座の15.63度なので、天秤座16度 "A boat landing washed away." ＝「流されてしまった船着き場」になります。
　16という数字はタロットカードの塔のカードと似て、崩壊現象を表します。これは天秤座の中で最も傷つく度数で、船が戻るべき陸地が崩れてしまい、海の水に飲み込まれてしまうイメージを示しています。ということは、地震とか津波の情報を伝えているのは、土星のディスクだということになります。
　天王星はこの時に春分点直前でしたから、個人の魂を完成させ、それが容易に崩れないように堅く結晶化させるプロセスである魚座の30度にありました。次の日に飛び出す扉の春分点が開いたので、ちょうど飛び出す準備をしている最中だということです。
　天王星と連結した土星としては、完成した魂魄が、飛び出す準備が完了して、その時、津波・洪水が起きたということになり、すると天王星はそれを能動的に利用します。しかし天王星の意図を忘却した孤立した土星は、ただわけもなく深刻な津波・洪水が発生したということになります。それが起きたことの必然性もないし、それを積極的に生かすためには長く時間がかかります。
　つまり、冥王星・海王星・天王星と連結された土星は、地崩れの隙に、ゴーイン

グホームするところまで一気に走ったのですが、孤立した土星の体系では、被害に遭い、浮ばれないままになってしまったということなのです。その先の脱出口が見つかりません。土星の孤立とはそういうものなのです。

土星の29年周期を3回転することで
天王星の意図とぴったりかみ合う

　私の体験を書きましたが、江戸の大火で死んだ人々は今でも究極の次元にまで行っておらず、江戸時代の世界観に閉じ込められていることが原因で、回廊の中から移動できていないというのは、過去の土星と天王星の間に切れ目が作られたことが原因とみなしてもよいのかもしれません。

　それは天王星が長い間発見されていなかったのではなく、長い間、意図的に忘れられていたということです。

　土星の公転周期は29年ですから、一つの政治スタイルは29年の寿命です。建物も企業もその程度です。それよりも長く続く場合には、29年ごとにリニューアルして、合計三つ分回転すると天王星の意図とぴったりかみ合うようにする、つまりリニューアルとは天王星とのすり合わせということです。それが理想です。

　社会生活や合意的現実、立場、地位の変化、かたちとしての生活の変遷。これらが土星のピックアップでリードライトするディスクの内容です。

　東日本大震災の例で見たように、くっきりと映像として現れてきた震災の情報は、土星のディスクに書き込まれたものが読み出されたのです。

　私はこの2011年のお正月の講座で、1年の計画をあらかじめ見るというプログラムを実施しましたが、そこで濃密な香りの桜が咲いている春先の光景を見ていましたが、明らかにこれは「春分点＝春の訪れ」という、天王星のアカシックディスクを読んでいたことになります。

　その時に土星にチューニングしたら、地震・洪水・津波というものを見たことになると思います。

　また、満開の桜と、もう一つ外国人と親しく会話しているという光景を見たのですが、これは海王星のディスクの内容ということになります。事実、震災の時、私は道端で、日本語の話せない外人男性と会話をしていました。

　海王星と天王星のディスクは読んだが、土星は読まなかった。その選択は、読

み手の目的によって決められます。

　私は東日本大震災に関しては、土星のディスクの内容よりも、天王星の内容の方が真実であるとみなしたわけです。

♃　木星

72年型人型意識の6分割であり天王星の7分割の存在である木星

　木星は12年で12サインを1回転します。これは72年型人型意識からすると6分割です。つまり、人間型の意識の中に、内部的に六角形が形成されるような構造です。

　また、84年を公転周期にする天王星の7分割です。天王星の意図を土星は創造行為の3分割で受け持ち、木星は駆け抜ける行動力の7分割で受け持つのです。

　天王星が1滴の刺激を与えると、木星は馬車馬のように走り始めるというわけです。土星が天王星に反抗さえしなければ、土星も木星も仲良く天王星の意図を地上に生かすためのリズミカルな運動をしていくのです。

　この宇宙的なルールを守るには土星は天王星の意図を受け取って、29年ごとに脱皮をする必要があるのです。

　サタンリターンの時に、天王星のディスクに問い合わせをするべきです。

　木星が天王星の7分割ならば、それは天王星の地域を超えた普遍的な開かれた人間的な意識を、そのままかなり衝動的に行動に表し、広げていくことに関係します。

　木星は拡大・発展・増殖・繁栄などを意味しますが、それらはみな天王星の意図の地上化です。

　東日本大震災の時に、木星は牡羊座の11度 "The president of the country." ＝「国の支配者」の位置にありました。これは革命的な意図によって、一方的に自分の意志を押しつける人を表します。また、それによって被支配者となる人も表します。

　公平なコミュニケーションは存在せず、常に有無を言わせず、ということです。

　11という数字は実験的で、テンションが高いのです。

東日本大震災に関して、何人かの人が、軍のような集団の中で支配者のような人が笑っているという光景を見ていました。あるいはその行進です。
　東日本大震災に関しては、それは意図的に起こされたものだという説が一部で流布されていました。
　私は東日本大震災の直後の富士山の地震に関しては、不自然さを感じましたから、私もそれを思いました。しかし全部が全部意図的なものではなく、意図的なものも混じっている程度のものだと思いました。
　木星と土星は180度のアスペクトがありますが、土星の方が公転周期は遅いので、土星に対して木星は支配力を発揮できません。つまり、もし意図的な作為があるとしたら、これは便乗です。
　富士山に関しては、私は便乗だと思いました。陰謀論に傾いた人は某国の軍による工作だという話をメインにしますが、土星と木星の力関係からしてそれは無理で、木星は添え物的に動いたということになります。

天王星の意図を受けて発展力を作るのが木星の特質であることを忘れてはいけない

　土星と木星は天王星に従属するべきであるとすると、天王星の春分点通過、すなわち岩戸開きのために土星は洪水・津波を引き起こし、木星は何らかの支配的工作をしたという話になりますが、木星作用については確認しようがありません。
　何人かの人が、これは工作だという話をした時に、この木星のディスクのアカシックデータを読み取ってそう発言したのだと考えてもよいのかもしれません。
　ある知り合いは、この震災の前の日に海外から東北日本に戻り、被災しました。その人は被災しているにもかかわらず、「この出来事は祝祭だという印象が拭い切れない（不謹慎でごめんなさい。でもそういう印象をどうしても否定できない）」と言いましたが、祝祭的な意義を持つものは、天王星のディスクと海王星のディスク、また「幸せそうに歌う鳥」の冥王星のディスクで成立するもので、その人の中で、この三つのディスクのデータが、よりクローズアップされたのです。そして悲惨な体験という人は、土星のディスクが。
　これは工作だという人は、木星のディスクをより拡大して読んだことになります。
　どれを拡大するかによって、読み取り結果が変わるのは言うまでもありません。そ

ういう読み方によって印象が違うのは当たり前だ、それよりも冷静な事実を、という人は、そういう冷静な事実というものが存在していないことを考えるべきでしょう。

人間の脳は冷静な事実を認識できないのです。遠く離れた地域の人では、震災はニュースで知らされた情報にすぎず、それよりも、連日続く数種類しかないテレビCMの果てしない繰り返しによって、PTSDに近い状態になったという方がリアルな場合もあります。この報道とCMのやり方は牡羊座の11度的で、視聴者には決して選択権が与えられなかったものです。

繰り返しますが、木星のディスクは天王星の意図を受けて、つまり人生を全体的に統括的に見る視点から、発展力を作り出すという特質です。

人生は経験の場である。そうみなすと、どうあるべきかというリミッターのかかった中で考え行為するよりも、さまざまな試みを試してみるべきなのです。いろいろなことを試してみる、そして広げてみるのです。

♂ 火星以後、太陽、金星、水星、月

火星は2年完結の目的や計画
個人の野心を果たす近視眼的視点

火星は戦闘力や積極性、個人としての意図に集中することです。天王星は72年型意識に近く、それは個人の統括的な視野を作り出すと書きましたが、火星の野心や積極的はその中ではるかに限定的で、小さなことに集中しています。

公転周期は2年ですから、2年で死に絶えるような意図、目的、計画、野望などを表します。

例えば、前世療法ヒプノセラピーなどで見た前世の光景には、この火星が示すものはフォーカスされにくくなります。ですが、小さなサイクルということは、人生の細かい作業の中に強く熱中できることを表しています。何かに集中するのは、忘我状態にならないとできません。

仕事のプロジェクトなどは2年で終了するという単位は手頃なはずです。

火星は個人の意志に沈んでいくことなので、自分が置かれた状況というものを全

体的に見ることができなくなります。そのように近視眼的にならないと、実際には個人の野心ということに集中はできないと思います。

人生の中で、個人の可能性を積極的に開拓し、そこに熱意をもって取り組んでいく。火星のマップはそのようなものを提示することができるでしょう。

西洋占星術の太陽は偽装
本質としては地球そのものを表す

占星術で使われている太陽は、実際の太陽を想像することに助けになりません。

太陽は太陽系の中で唯一動かない軸ですから、太陽系の中に住んでいる間、ずっと変わらず継続する意図を示し、その意志の寿命は極めて長いのです。

私達が見る太陽は1年で12サインを回転し終わります。

これは地球のことを表しています。実人生の中で、個人としての目的意識を明確にして、チャレンジすることに関係しますから、火星と似ています。

実際、公転周期は火星が2年で太陽が1年です。ただ、占星術で使う太陽は、太陽を偽装した地球ですから、地球人生そのものを表します。太陽が示すサイン、度数の裏側に、地球に生まれてきた理由が刻印されています。

火星と太陽に関して、他の事例で考えてみましょう。

> ケーススタディ② ── スティーブン・スピルバーグ監督

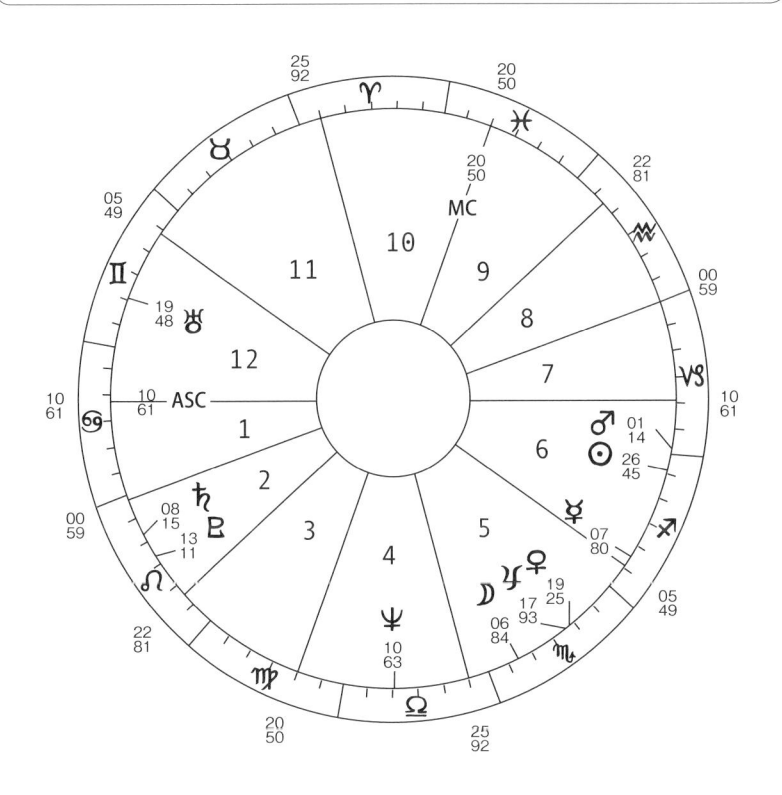

　映画監督のスティーブン・スピルバーグの場合、火星は山羊座の2度で、これは1度の無理矢理の主張の結果引き起こされる周辺の反応です。

　山羊座の1度は主導権を握りたいということを表し、すると周辺反応としては反対者の勢力も出てきて、結果的に戦争状態です。ここに戦闘的な火星があると、この勢力争いの中で激しく働きます。そして、結果的に前のサインの性質を傷つけるか、壊してしまうことも多くなります。

　前のサインの射手座に、27度の太陽があり、精神的思想的な面で、プロパガンダをする性質です。この思想性が、実務的な闘争によって、掻き消されてしまうという面が出てきます。

　山羊座は射手座を評価しないのです。山羊座から見ると、射手座はただの頭でっかちです。常に次のサインは前のサインを否定して成り立ちます。

そのため、何でもかんでもがむしゃらに働き、量産する中で、精神的な意図がどうでもよくなってしまう傾向は出てきます。初心においては意図があり、それを伝えるために出した。しかし売ろうという意図が出すぎて、もうわけがわからなくなった。

スピルバーグの場合、あまりにも仕事をしすぎて、映画がたくさん出ているために、本人が思想的な主張として出したものも、また単に売りたいためだけに作った明確な意図の感じられない純商業映画的なものも混在していて、見ている側もだんだんとわからなくなってくる面があります。

火星と太陽のサイクルは近すぎるので、火星と太陽の役割は混同しがちです。興奮すると火星。冷静になると太陽という違いかもしれません。

また、火星は常時活用するものではありません。太陽は、常時、その人の地球に来た目的の継続という視点で見るとよいでしょう。

楽しみのありかの金星と知性の水星
月は全惑星の鏡としての存在

金星は楽しみのありかを示します。

また水星は調べること、知性を働かせることです。

月は、日常の細かい印象の変化。月は全部の惑星を、個人生活範囲の中に鏡のように映し出すといえます。

例えばスピルバーグの金星や天王星は20度です。これは好調・不調がなく、いつでも提供できる能力を作ります。

12ハウスは隠れたもの、そこにある天王星は地域性を超越した普遍的なアイデアです。スピルバーグがしばしば頻繁に取り出す宇宙人の題材はここにあると思います。それが思想性を示す太陽に180度で影響を与えます。この太陽と天王星の180度は、孤立しても迎合しない姿勢です。ここにスピルバーグの独自性が見えますが、既に説明したように、それは激しい野心による量産によって、純粋営業的なものと混在することになります。

双子座の20度は、情報が大量にあり、偏った好みにならないことを示します。ただし、12ハウスの天王星という今日の常識的な合意的現実からはみ出した情報という範囲のものにおいて、偏った集め方をしないという意味なのです。それは双子座という点も加えて、相当に軽薄なものも含まれています。それも面白がって入れる

のです。

　蠍座の20度の金星は無意識との回路です。それを必要な時にオープンし、必要でない時にはいつでもスイッチを切ることができます。

　水星は射手座の8度であり、8の数字は蓄積ということを示します。

　射手座では、これは非主流的なものを集め蓄積していくうちに、それが正道とみなせるくらいに力を溜め込んだことを表します。つまり、初めは多くの人が邪道だと思っていたものが繰り返され、蓄積されていくうちに、他の人はそれを正当なものかもしれないと思うようになったのです。マイナーなものも今ではこの人のおかげでメジャー扱いになったものがあるのです。

純粋に個人の人生を考える場合
冥王星と海王星を除外した月から天王星まででよい

　月は蠍座の7度で、遊びや道楽、趣味、創作の5ハウスにあります。

　7度は落差のあるものの間を流れるエネルギーで、それは非常に積極的な意欲に駆り立てられます。個人の私生活を考える時に、その定番的な位置は月で考えます。

　そのため、スピルバーグがリラックスして、いつも自分の戻る場所として選ぶのは5ハウスで遊びと創作の場です。ただしこの月の楽しみは、いつも2ハウスの土星に制限を受けていますから、遊びにお金はかけない。スピルバーグは映画作りにお金をかけないことで有名です。お金をかけず早く作る。ゆっくり作ると、どんどん経費がかさんでしまうからです。

　月は個人としてリラックスし、眠り、がんばらなくてもよい場所。そして活力をチャージする場所です。

　スピルバーグの場合、月は7度ですから、じっとしているのでなく、ある点からある点に向かって行動意欲が刺激される。その意味では5ハウスの遊びで、ぼうっしているのでなく、意欲的に熱中し、ある方向に向かっていこうとする中で癒しとリラックスを感じるのです。

　月のリラックスと、水星の知性と、金星の楽しみ。太陽は個人の目的で、火星は意欲。そして木星は拡大。

　これらは個人としての範囲の中において、すなわち72年型意識の中での細かい地図です。

そして人型意識の限界線である天王星がそれら全体を統括し、海王星と冥王星は、もっと広範囲な存在性としての2200年型意識（それは長く伸びるラインなので、ヘビのようにもみなされます。例えばシルクロードの集合意識もその一つとたとえるとよいでしょう）とのつなぎとして、72年型すなわち「人型」にも、また2200年意識の「ヘビ型」にも属さない中途半端なつなぎの位置にあると考えるとよいでしょう。

　もし純粋に個人の人生ということを考えるならば、冥王星と海王星を除外して、月から天王星まで使うのがよいでしょう。

　中世までのように月から土星まででは、人生全体を統括する視点72年にまで達することがないので、その人の人生は「全体の見えない、全体の一部だけに価値を置いた」偏ったものになりますから、それは封建時代の被支配者としての生活視点とか、会社の本来の意図を理解しないで1人の会社員として振る舞うという程度の視点しか手に入らず、不完全になりますから、最低限天王星は必要です。

　また古典占星術のように、土星までしか使わない占星術体系は異常な時代に作られたものなので、参考にとどめ、そのまま鵜呑みにしないようにする必要があるでしょう。

5 特徴的な度数

3分割領域としての11度と21度は
そのサインらしいテンションの高さを表す

　30度あるサインを一つの弦とみなしてみます。

　ピュタゴラスは「モノコード」という弦を鳴らすことで、七つの音階を作りました。真ん中を押さえると1オクターヴ上の音になりますが、3分の2の場所を押さえると、上昇5度、すなわちソの音が響きます。このソの音は、音楽においては基本的な「弾道」であると考えられていて、それは高揚感と拡大感をもたらします。

　数え度数でいえば11度と21度が、この前から3分の2、後ろから3分の2に当たります。そのためこの二つの度数は、極めてテンションが高いです。テンションが高いというのはサインの特質を考慮に入れた上で、「そのサインらしいテンションの高さ」と解釈してください。

　例えば、水の固定サインである蠍座では、境界線のないどろどろの依存関係がテンションの高さを表す11度の特質です。それは水のサインにおいての、行き過ぎたテンションの高さという意味です。

　11度はまだ前半の領域ですから、そのサインのシンプルな特徴を純粋に押し出します。また実験的で反抗的です。時には世間知らずのハイテンションです。

　21度は後半期で、いわば中年期のようなもので、怖いものがない図太いテンションの高さを発揮します。たいていの場合、無理をします。

　人生80年とみなすと、前半の11度は26歳とか27歳。後半の21度は52歳前後です。

4分割領域としての8度と16度
23度は対立するものを含む

　モノコードでは、4分の3の部分を押さえるとファの音になります。それは安堵感を表すそうです。つまり、ソがジャンプとなると、ファは着地です。

　この着地というのは、安定感や実際性、落ち着きということを示します。ですが、

この安定感を得るには、実は重要な鍵があります。それは対立するものを含むという点です。

　そして対立したものを含むが、同時にその対立したものは裏側に回っていて、たいていはそれを意識しないということです。

　30度を4分割すると、数え度数では8度と16度、23度に当たりますが、その前に12サインを4分割すると、それぞれが90度の関係になります。

　90度は対立であり、相手を否定します。しかしそれは両方が表に出ている場合です。

　警察は犯罪行為を誤ったものとみなし、それを正そうとするという時、この犯罪行為がないと、正そうとする行為も消えてしまいます。つまり、否定的なターゲットがあるからこそ、自分の姿勢が安定するのです。

　一つのものの安定のためには、対立する意味のものがなくてはならず、しかし表に出てくると摩擦で消耗するので、それは裏側で支える支柱と変わります。90度は互いに依存するのです。

　90度は対立した緊張のアスペクトなのに、それらを組み合わせた十字とか正方形はどうして着地とか安定という意味があるのかというのは、こういう理由だからです。

　特定の立場につなぎとめる。このつなぎとめるためには、否定的な概念が前提にあり、その否定的なものが支えとなるのです。

　いつまでも悪はなくならない。だからがんばり、諦めない。維持してもらうためには、この悪が必要です。

　この点では、サインの中でも8度と16度、23度は、対立したものを組み合わせて成り立ちます。

　8度は、環境とかに出て、そこで体験する葛藤とか対立を乗り超えようとすること。例えば、牡牛座であれば、社会に出た時に遭遇する差別です。このことでストレスを感じるのが7度。7というのは落差と対立です。この落差の間に、七つの音階とかステップができるのです。

　8度ではこの差別を乗り超えるために、ずっと前から準備するということです。対立がないと、準備するビジョンが生まれないです。

　お金を貯める人は、お金がなくなった時どうなるのか、明確なイメージを持っています。そうならないためにお金を貯めます。お金がなくなった体験をしたことが

ない人は、お金を貯める理由がないので、それをしません。お金がなくなるという状況をリアルに想像できるので、それが支えになってお金を貯めます。

16度は最も大きな対立を含み、これはサインの中で、強烈な挫折の危機の場所です。これは重要なので次にもう一度説明します。

23度は、やりすぎと冷静さという落差をうまく利用します。23度は、合計すると5の数字なので、遊ぶという意味も含まれ、二つの状況を手玉に取ります。

2分割の16度は
サインの真ん中で最も折れやすい場所

竹を折る時、最も折りやすいのは真ん中です。同じように、サインの真ん中は折れやすい場所です。

モノコードでは、ここは1オクターヴ上の音が響きます。

例えば、新月を想像してください。太陽と月は同じ場所にあります。その後、月は進んでいき、15日前後経過した時に反対のサインの場所に行きます。この時に、太陽はおよそ15度進みます。

新月で同じだったものは、15日経過すると月は反対のものを持ち込んでくるということです。調査しに行った人が、いつの間にか調査ターゲットの側の仲間になってしまっているのです。

サインは16度という数え度数のところで、反対側のサインの影響が紛れ込み、そのことで、それまでのサインの性質は挫折します。これはちょうど反対になるようなものです。

積極的な牡羊座は積極性を失って引っ込み思案になる。対人関係の天秤座が人を恐れる。自分の持ち物が気に入っている牡牛座が全部気に入らないと言い始める。人と深く関わる蠍座が外部に関わる必要はないと思い始める。几帳面な乙女座が几帳面さを発揮できなくなり、人格崩壊を起こす。家庭的な蟹座は仕事に野心的になる。

16度はサインを真ん中で二つに折るのです。

ここでは2という空間数字が働きます。

2の数字というのは逆転です。そのため、一つのサインの特質を空間的に二つに割ると、真ん中では性格の逆転が発生します。それまでサインの特徴が大好き

だったのに、16度を過ぎるとちょっと嫌がり始める。

この度数は複雑で危険度の高いものですから、注意が必要です。

乙女座の例でいえば、清潔主義できれいに整えていたものが一番汚れてしまう状況なので、わりにどのサインでもショッキングです。しかし、それは1オクターヴ上がる、すなわちより高度になるために一度かたちを壊すのです。壊さないことにはもうその先に行けなくなったのです。

もし乙女座が16度で、そういう体験をしないのならば、進化の袋小路に入り、生命力は極度に弱まり、その後、衰えていくしかないです。

16度はタロットカードでいえば、16番の「塔」です。

未知を探求する12度と悪乗りの19度は
ともに黄金分割の関係性にある

自然界の中には黄金比率があるといいます。これは1.618とか0.618という比率で、人体では身長を1とした時に、へその位置がおよそ0.618だといいます。

黄金比率は、五角形の図形では、辺を他の辺が区切るところがこの比率となるので、五角形の中には黄金比率が隠されているというのです。

自然界の中にある完成された比率という意味では、放置しておくしかないということです。例えば、牡羊座の12度は「野生のカモの群れ」というサビアンシンボルですが、野鴨は何も教えられていないのに、群れてきれいに秩序正しく三角形の編隊を組むというような意味で、この度数の人達は決して教育もしつけも受けつけません。好き勝手にやります。しかしそれでもうまくこなすのです。自然の中にある秩序が助けてくれるのです。

黄金渦巻きというのはオウム貝などで有名ですが、元のかたちを変形しないまま拡大します。この元のかたちを変形しないままというのは、わがままに育ったものが、しつけられることなく、増長していくということです。角笛とかラッパ、後の管楽器などは、みなこの黄金比率的な拡張をすることが特質です。ワーグナーの音楽にはエゴの増長の魔物的なものが潜んでいて、ヒトラーはそれに取り憑かれました。ヒトラーは、ワーグナーの楽劇をそのまま現世に実現しようとしたということを書いた本があります。

弦楽器は反対に、それを内側に取り込んでいく。男性的な管楽器は外に拡張

する。ともにここには「元のかたちを変えないまま」という特質が潜んでいます。

　そこで12度は、自然界の中にある法則を解明し、それを生かそうとする。このことから転じて、自然界の謎を解明するという性質が発揮されます。

　どんなサインも、12度は未知のものの探求でもあります。

　19度は、元のかたちを変えないまま増長し、エスカレートし、悪乗りします。それは楽しみの拡大ということもあり、また、10＋9という点では精神が夢見たことを、かたちにするということも加わります。タロットカードの19番である「太陽」のカードは、10の子供、つまり合意的現実の子供と、9の子供、すなわち物質化しない精神の中にある子供が並立し、10の子供は9の子供のいうことをアドバイスとして聞き入れます。

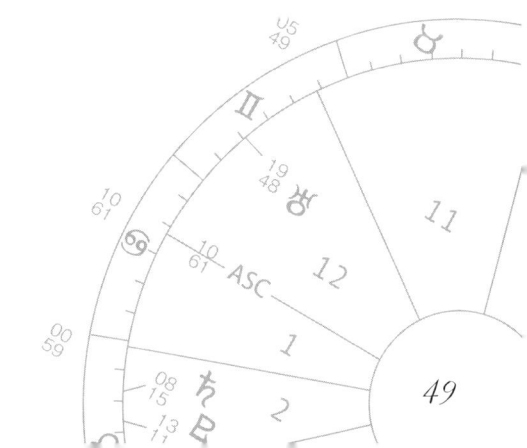

II

度数の意味

The meaning of the degrees

1度 (0.00度〜0.99度)

【スタート】

サインの性質を最もわかりやすく表す1度
その人の意識的要素ではなくサインそのものとなる

　1度はサインの始まりを表します。始まりということは、そのサインの特質を端的に表すものを強く打ち出すことです。

　そのため、サビアンシンボルでは、この1度の特質だけを考えても、サインを説明できる面があります。

　始まりの力は強烈で、また衝動的です。自覚して、意識して何をするということはあまりありません。

　私達人間は、自我・アストラル体・エーテル体・肉体という四つでできているといわれています。この時、私達それ自身を意識し、完全に意識的になれるのは、自我の部分のみです。アストラル体以下はイメージや象徴性、感情などに同一化し、感じ始めることが意識の始まりですから、自分自身を意識しません。

　占星術のどのサインも、どの度数もこの自我を表しているものはありません。むしろ、自我がターゲットにするものを示しています。意識は常に何かをターゲットにしないことには働かないのです。つまり、占星術の示すものはアストラル体が表現するものを意味しています。

　アストラルというのは「星気体」と訳され、占星術の示す星、というよりも占星術が提示するものそのものが、アストラル体を意味します。特に1度はまだ、それが走り始めたばかりなので、自身を意識することはないのです。

　シュタイナーは、新しい人生を始めると前世の記憶はいったんすべて失うといいました。というのも、これは新しい素材の中で再生すると、素材が新規なために、いったん初めからやり直しをしなくてはならないからです。

　ヨーロッパの歴史の中では中世になるまで天王星以遠の天体は発見されていませんでしたが、古代文明においては、それは当たり前に認識されていた可能

性があります。また、地球の歳差運動は、古代エジプトにおいてはあまりにも当たり前の話でしたが、ヨーロッパでは、紀元前2世紀のヒッパルコスが初めて発見したことになっています。これらはヨーロッパという精神構造の素材でやり直しをした。だから、それ以前のサイクルの知識はいったん失われたということからきているのではないかと思います。

　占星術で考えると、新しい素材というのは、新しいサインに他なりません。

　サインのスタートである1度では、その人は意識的な要素を失い、サインの素材そのものに同化して、サインそのものとして歩き始めます。ですから、1度をその人は見ることができず、1度になるのです。そのことに全く意識的でありません。

無計画、衝動的、無意識的な1度
純度は高いが扱いに困る人も多い

　タロットカードの大アルカナカードと比較してみましょう。

　1の数字は「魔術師」です。これは家を象徴するもので、外宇宙からやってきたマレビト的な魔術師が、つまり越境者が、この世界の根源の原理である母や家、母体の中に入ってきた状況です。

　例えば、地球に生まれてきた。何らかの具体的な場の中に入ってきたのです。その後、何をするかはわかっていません。まだ意識的に何かをするには、この入ってきた場がどんなものなのか知りませんから、計画も立てられません。

　タロットカードは「愚者」が始まりなので、この魔術師は2番目のもので、愚者が外宇宙に飛び出し、戻ってきたのが魔術師です。

　それぞれのサインの1度は、このサインの「家」に入ってきたと考えてもよいのかもしれません。

　この度数を持つ人は、無計画・衝動的にそのサインの持つ性質を本能的に強く押し出します。これは押し出したいと思ったわけではなく、無意識に、それを強く押し出す以外に選択肢はないということになります。

　極度に純度が高いのですが、コントロールができないので、本人が困っている場合もあります。

　また前のサインに対する強烈な反発力を発揮します。それは前のサインを踏

み台にして飛び出したからです。考えて何かをするのではないので、知恵があるとはいえないのですが、しかし強い力を発揮します。

誰でもサインの1度は体験する
それはスタートや移り変わり、切り替わりとなる

　出生図で1度の人を見つけるのはそう簡単ではないかもしれませんが、太陽の進行図であれば、誰でも数回はサインの1度を体験します。

　月の進行図では、28年の間に12回のスタートを体験します。この時に、1度の領域に保管されている記憶をトレースして、それを解凍・展開するし、それまでに体験した内容を思い出しますから、人によって使い方は違いますが、しかしスタートの力強さを持つことは否定できません。

　この場合、前のサインとの四元素・三つのクオリティの相違による落差を比較してください。

　牡羊座から牡牛座の場合には、火から土へ。活動サインから固定サインへと移り変わり、牡牛座の1度を力強く押し出す時に、それは火という精神が、物質という土の中に埋め込まれて、記憶喪失をすることを表します。また活動的な魂は、物質的な存在に固定されます。動く霊は動かない肉体に閉じ込められるのです。

　それぞれサインの切り替えは、このように極端な、あまりにも極端すぎるギャップがあります。

　前のサインの四元素・三つのクオリティを記憶喪失します。正直それが嬉しくてしかたがないという印象です。牡羊座は末期になると土のサインのような確実性・物質性が欲しくてしかたがなかったのです。念願のそれを手に入れたのです。欲しいものを手入れて興奮している状態を想像してください。冷静ではないが強烈です。

♈ 牡羊座1度　A woman rises out of water, a seal rises and embraces her.

「女性が水から上がり、アザラシも上がり彼女を抱く」

　前の12サインが終了し、新しく春分点からスタートし、全く新しい体験領域のプレートに入ります。しかも春分点という隙間は、この12サインよりももう一つ大きな範囲の12ロゴスにそのまま接続可能なゼロポイントで、そこで新しい力を引き込んできたために、前の12サインの記憶やノウハウをごっそり記憶喪失します。そのため、始まったはよいが、頭真っ白の状態です。まだ行動しようにも、何をどこにどうして？ というのがなく、方位感覚が存在しません。まずは前の水のサインの水の力から脱出することに大きな力を使います。この1度のみは、特別扱い、つまり強制的に一気に動くというのはないです。まずは存在することにすべての力を使うと考えるとよいでしょう。

♉ 牡牛座1度　A clear mountain stream.

「清らかな山の小川」

　肉体という牡牛座の資質の中に牡羊座の火の活力が入り込み、それは山の頂点から下に勢いよく落ちていくことに似ています。昔の日本では、死者は山の頂点にいる。そして生まれる時には里に下りてくる。この光景に似ています。山は肉体でもあり、大きく見れば家系などです。これはもう抵抗できません。たぶん、魔術師の「家」という意味は、この牡牛座に一番似ています。肉体の中に入ったからです。山から落ちてくるように勢いがあり、誰にも止められない運命の動きがあり、全く選択権がありません。

♊ 双子座1度　A glass-bottomed boat in still water.

「静かな水に浮くガラス底ボート」

　風のサインの目覚め。興味津々であれこれを覗きます。しかも柔軟サインですから、行き当たりばったりで観察対象を選びません。

♋ 蟹　座1度

A furled and unfurled flag displayed from a vessel.

「船に掲示される巻かれ広げられる旗」

集団化への始まり。集団的に共有されているファミリーや歴史、伝統、グループ、組織、長く続く特定の分野などに入っていきます。どこに所属するか、その旗については模索する場合もあります。古いものを再開するという力もあります。多くの人を引き込みます。

♌ 獅子座1度

A case of apoplexy.

「脳いっ血の症例」

火のサインの活力の爆発です。獅子座は心臓を象徴し、活力源は中心にありますから、身体の内から外に向かって爆発するイメージです。考える前に衝動として飛び出す活力は全くコントロールできません。

♍ 乙女座1度

A man's head.

「男の頭」

かたちあるものの特徴に集中します。獅子座が内側から外に爆発したのに比較して、乙女座はその周囲の輪郭にこだわり、かたちから入り、中の活力を閉じ込めます。獅子座を殺してしまうと考えてもよいでしょう。細部に集中し、他に何かあることを忘れます。

♎ 天秤座1度

A butterfly made perfect by a dart through it.

「突き通す針により完璧にされた蝶」

見られる存在としてのスタート点です。強い印象を与える人が多く、わかりやすいイメージで、個性を明確に表示しています。いわば標本としての始まりです。

♏ 蠍　座1度

A sightseeing bus.

「観光バス」

複数の人が共同して同じ体験をしていきます。観光バスは、印象深い体験をし、それは強く記憶に残ります。またバスの中にいることは狭く、圧縮した体験でもあります。

♐ 射手座1度　Grand army of the Republic campfire.
「共和主義の威厳ある軍隊（退役軍人の会）のキャンプファイヤー」

　一度蠍座によって押し潰された火の元素の力が、また強く再生します。戦闘の始まりで、勢いよく宣言し、強気な自分を意識します。

♑ 山羊座1度　An Indian chief demanding recognition.
「認識を求めるインディアンの酋長」

　組織や会社、グループをまとめ仕切るということを宣言し、仕事などで積極的に行動を始めます。

♒ 水瓶座1度　An old adobe mission.
「古いレンガ造りの伝道所」

　場所にこだわらないで、世界中に拡大していく普遍的な理念性への始まりです。山羊座の場合ならば自分の国や自分の場所という限られた場ですが、水瓶座はそうしたところを超越して、広く理念を広げていきます。

♓ 魚　座1度　A public market.
「公共の市場」

　あらゆるものを一堂に集め、統合化しようとする12サイン最後のサインの始まりです。どんなものも引き寄せようとします。そこに選択の趣旨は存在しません。あるものはすべて集めます。

2度 （1.00度〜1.99度）

【手ごたえ】

1度の反対の視点となることの多い2度
2度のリアクションを知ることで次が見える

　1が天なら2は地です。着地しないまま空中に留まりさまよう1番目の牡羊座に対して、2番目の牡牛座は土の、地球のサインであるかのようです。

　1度の反対の視点になることが多いのです。これは、1に対してのリアクションとして、2が何か反射してくることも意味します。静止している間は、何もないのですが、押すと戻してくる反応が生じます。右を向くと風景は左に移動しているかのように見えてきます。

　1度のがむしゃらな押しの力は強すぎるので、そこで初めて押すことで、環境に波風が立ったのです。

　1と2はちょうど主客が逆転しますが、この2度のリアクションを頼りにサインを体験する人は、今後自分がどう動くか方向を探ります。

　例としては悪いかもしれませんが、私は高校生の時に、よく授業中に、いきなり席を立って、唐突に何か発言することがありました。発言でいきなり波風を立てるのです。するとクラスの仲間が反応しますが、たいていそれは私の予想を裏切って、意表をつくリアクションでした。このリアクションがあって、私も次に何をしてよいのかわかります。強烈な反撃もあれば、また潜在力が大きく動くことも、押し出したままに順応してくる流れもあります。

　いずれにしても、この強いリアクションは手ごたえがあり、受け入れられるにしても、反発されるにしても、私にはそれが励みになりました。

　活動サインの場合には、活発なリアクションが生じて、それが1度で主張した流れがそのまま運ばれていくコースを作ります。

　固定サインの場合には、そもそも硬いものが砕けるようなショックがあり、それが強い手ごたえを生み出します。この砕けるような感じ、電撃的な反応がな

いとやる気が出ないのです。

　柔軟サインの場合には呼べば答えるような敏感なリアクションが瞬間的に生じます。

反射してきた手ごたえそのものが
今後の感覚の在り方を形成してくれる

　この２度の段階で、前のサインの性質が壊されます。

　砕いた前のサインの素材を、新しいサインの中で再利用するかのようです。何に使うかというよりも、まず砕いたという手ごたえの確認が重要にも見えてきます。

　例えば、蠍座の２度は、割れた香水ビンというシンボルが使われていますが、ビンを床に叩きつけた時の強い実感や破裂するような衝撃の手ごたえ。

　意識は射出することで成り立つといいますが、射出する時に果てしない虚空に射出すると、活動を実感できません。しかし、何か反射してくるものがあると、自分の意識の働きを自覚できます。この時の反射するものの質感や手ごたえによって、自分を意識します。

　反射してきた手ごたえそのものが、素材の質感を伝え、それが自分を確認するための今後の感覚の在り方を形成します。

　目の見えない人が杖で床を触った時、コンクリートや芝生、障害物、生き物に当たるなど、手に伝わる反応によって、自分がどこにいるか確認します。

　１度は１度であることを確認できないのですが、２度になると、周囲の反射によって自分というものと、自分が受け取る実感というものが分離します。

　杖を突き出すと堅い地面にかつんと当たり、それによって、堅い地面なのだから杖は強く押し出してもよいという認識が生まれます。芝生ならば強く押し出すと地面に穴が開きますから、今後、強く押し出すことはしません。

　卵を強く握ると卵は割れます。割りたい人は強く握り続け、割りたくない、ただ運びたいのだという人は、壊さないようにソフトに握り続けます。

　そうやって反射するものによって、新しいサイン体験においての進み方の姿勢を決めます。

　射手座では２度は、海の白波で、集団のどよめきです。この集団がわーっと

どよめく感じがないと何もする気がしないのです。ずっと射手座が終わるまで、いつまでも射手座の人はこの自己確認の方法を続けます。すると、誰もいない静かなところで、ひっそりと作業をするということに何か違和感を覚えるのです。

極端に受動的な「女教皇」に相当
潜在的な力を引き出すにはプッシュが必要

　タロットカードの場合、2は「女教皇」で、女教皇は手に書物を持っています。
　これは私達の遺伝子的なコードかもしれません。過去の資産というものが潜んでいて、魔術師が入り込んで、それをプッシュすると自動的に発現するものがあります。
　押さないことには反応しないが、いったん押すと、そこで引き出され、その時に初めてわかることがあるのです。
　女教皇そのものは極端に受動的で、自分から何かしようというものは何一つありません。
　2度はサインの持つ潜在的な過去の記憶や資産が膨大にあり、それをプッシュすることで、そのサインの持てるポテンシャルがどういうものかわかるのです。
　ともかく何か動いてみると、自分がどこに置かれているのかわかる、ということです。
　この度数の人は、自分が受け取る抵抗感とか手応えによって方針が決まりやすいので、何かリアクションがないと行動しにくい傾向がありますが、このリアクションは明確に言葉にできにくく、漠然とした印象として受け取られます。自ら積極的に動きにくいかもしれませんが、それでも潜在可能性が刺激されると、自分でも知らなかったような面が開かれます。

♈ 牡羊座2度　A comedian entertaining a group.
「グループを楽しませているコメディアン」

　環境の中に飛び込んで、何もわからない牡羊座の人は、周囲の人をまねします。すると、まねされた方は、自分の無意識の癖やおかしな特徴というものに無自覚だったが、あらためて思い知らされて、失笑します。それに火のサインですから、揺れ現象があり、それが牡羊座では笑いという振動で表現されます。

♉ 牡牛座2度　An electrical storm.
「電気的な嵐」

　山から勢いよく下りた活力は下界で激しい嵐を巻き起こします。魂は肉体に下りることで、生まれつきの資質というものを活性化し、またそのことに激しい抵抗も起きます。反発や怒り、強いリアクションなどが起こる時に、その手ごたえを牡牛座の人は喜びます。

♊ 双子座2度　Santa Claus filling stockings furtively.
「密かに靴下を満たすサンタクロース」

　海の底に関心を抱き、すると海を象徴とする無意識の方からプレゼントがあります。眠りの中で、思わぬリアクションが起こります。情報や知識、刺激が双子座にとって嬉しいものですから、柔軟サインらしく予想しなかった成果が得られるのは、いつも楽しみです。

♋ 蟹　座2度　A man suspended over a vast level place.
「広く平らな場所の上に吊るされた男」

　集団的・集合的な場に参加した人が、長い歴史の中で想像もつかないくらい豊富な資産があることに気がつき、どこから手をつけてよいのかとまどいます。活花を勉強しようと思った人が、軽く見ていたら、まさに膨大なものがあることを知り、驚くのです。

II 度数の意味

♌ 獅子座2度　An epidemic of mumps.
「おたふく風邪の伝染」

　興奮状態で活力が爆発すると、それは個人の身体からはみ出て、外にも興奮を呼び起こします。集団ヒステリーのように感情が波及してしまい、多くの人を巻き込んで騒ぎになりますが、固定サインは四元素の蓄積した倉庫の力を活用するというのがテーマですから、リアクションが強くないと、その後の展開が貧しくなります。ここは騒ぎになった方がよいのです。

♍ 乙女座2度　A large white cross upraised.
「掲げられた大きな白い十字架」

　部分的なことに関心が集中した時、自分の全体像が見えなくなりますから、どうやって生きてよいのかわからなくなってきます。そういう時、誰もが従う公共的な基準が提示されて、それに従うと迷わなくなるということを発見します。多くの人が共有する合意的現実に従うというのは、乙女座の持つ資質に素直に生きることです。

♎ 天秤座2度　The light of the sixth race transmuted to the seventh.
「6番目の部族の光が7番目のものに変質する」

　見られることで、周囲の人がいろいろな意見とか見解を出してきますが、それを積極的に受け入れることで、受容性から出発した積極的な人生という、天秤座の最初のスタイルが生まれます。何か言われると、その言われたことの中に飛び込むという、主体性を捨てきったものなのに、結果として能動性が生まれるという天秤座流儀の始まりです。

♏ 蠍　座2度　A broken bottle and spilled perfume.
「割れたビンとこぼれた香水」

　固定サインらしく、硬いビンに圧力をかける手ごたえが実感を呼びます。人格の殻を打ち壊して、内心を引き出すというのは、個人に過剰干渉したりされたりすることですが、そうでないと心の交流は起きないのです。

♐ 射手座2度　The ocean covered with whitecaps.
「白い波の帽子に覆われた大洋」

多くの人々の沸き立つ興奮状態というリアクションを表します。お祭りとかコンサートとか、集団がわっと歓声を上げるところを想像してください。そういうリアクションがないと、射手座の人は自分が何をしているかわからなくなります。

♑ 山羊座2度　Three stained-glass windows, one damaged by bombardment.
「三つのステンドグラスの窓、一つは爆撃で損傷している」

自分が支配権を主張した段階で、強い反対に出会うということもあるし、強い競争意識、肉体の追従力を度外視した活動をすることで、種々の摩擦を起こします。活動サインの場合、やりすぎというのは、反対に意欲を刺激してくるので、時々困った事態にも陥ります。

♒ 水瓶座2度　An unexpected thunderstorm.
「予期していなかった雷雨」

牡牛座と蠍座に似ていますが、それは固定サインだからです。ローカルな場だけでなく世界中に普遍的に拡大したい理念は、安定した立場とかを崩してしまうことがあり、本人はそのことに気がつかないことがあります。しかしやはりここにも突破感覚があり、それは水瓶座の人の行為の手ごたえとなります。障壁を打ち砕く、突き抜ける、広がるという実感です。

♓ 魚　座2度　A squirrel hiding from hunters.
「ハンターから隠れているリス」

雑多に集まった都市のようなところでは、一人ひとりが身を潜め、またセキュリティに気をつける必要があります。しかしまた雑多なものの中から好みのものを選ぶ楽しみがあります。無数の可能性から拾い上げ、それを隠匿する楽しみのようなものです。個人を隠すこと、物質的な要素を引っ込めるという意味もあります。明確に名言しない、あいまいなままに進めるという魚座の癖がここからスタートします。

3度 （2.00度〜2.99度）

【生産性】

普遍的な運動原理が確立される3度
意識することなくサインにあおられる

　3の数字は図形としては三角形であり、それは父・母・子とか、父・精霊・子というような三位一体、能動・受動・中和、あるいはゼロ・プラス・マイナスというようなセットとして、創造的な原理を示すものでした。

　また、ピュタゴラスはモノコードで弦の3分の2を押さえた上昇5度の音、すなわちソの音を探ることを繰り返して、七つの音階を見つけ出しました。

　これは弦の3分割です。つまり、高揚感・上昇するもの・加速するものというのがこの数字の特質でもあるのです。ホロスコープでも三つに区切った120度の位置というのは、同じような作用があります。それは加速と高揚なのです。

　サインの中で3度の位置は、そのサインの普遍的な運動原理の確立があります。つまり、勢いよく活動する時には、そのスタイルがいつも出てくると考えるとよいのです。

　動機・対象・結果としての運動性質という三つのリズムが、1度・2度・3度の流れです。またこの段階では、まだ十分に個人化されていません。そのため、本人が意識して何かするというよりも、無意識にこのサインの生産性・運動性にあおられて動いてしまうという傾向があります。

　サインは1度から3度くらいまでは本人が管理できず、いわば強すぎるパワーに翻弄されて、振り回されている感じがあります。極めて衝動的なので、あまり考えていないというふうによくいわれています。これは反対にいえば、天性のものを発揮するということで生まれつきの資質であり、努力して得られるわけではないものなどを示します。

　個の自覚に持ち込まれて意識的に行動する前の、半ば自動化して天性のものとして働く性質で、そこにサインの記憶の「過去の蓄積」の力が強く働きますか

ら、それを意識的に改善できない傾向はあるのではないでしょうか。

　抵抗しようと思っても、川の流れに押し流されるようなものです。

果てしなく生産活動を続ける「女帝」に相当
1と2の動きがあって初めて3は認識できる

　タロットカードでは、3は「女帝」です。これは自然界の生産原理のようなもので、生産原理は果てしなく続き、止まることはありません。

　3点というのは単純な動きを認識できます。AとBの間には落差や違いがあります。3番目のC点は、このAとBの違いを他の場所から見ることができます。

　AとBが貧富の差だとすると、CはAとBの間に張られた直線を移動するものが、豊かになっていく、貧しくなっていくという動きを認識できます。ここでの動きとはお金の増減です。

　AとBが高いところと低いところだとすると、Cは上がり下がりという運動を認識します。

　このように3の数字は、異なる2点の間に張られた線上で動き、しかも単純な動きがあることを認識できるのです。生産性や動きというのは、そういう意味で、女帝は特定のテーマにおいての運動性を示します。増えるということが表の特質ならば、それを裏側にすると今度は減るというのが特徴になります。

　このAからBの動きが止まってしまうと、Cの認識能力は消失します。つまりAからBへの動きがないことには、Cは成立しないのです。意識は射出することで成り立つということは、運動がなければ、それらは幻想であったかのように消え失せます。

運動し続けないと成り立たない3の意識は
サインが終わるまで続いていく

　3の数字の意識を成り立たせ、死なないようにするためには、ずっと動き続け、生産し続け、増やすか減らすかし続けないといけないことになります。退屈な場で眠りそうになるというのは当たり前のことですが、運動しないと自分が消えていくということはそういうことです。そして加速するとリアルになり、減速し

てゆっくりになると、ぼうっと不活発になります。このサインの生産性の基本性質は、サインが終わるまで続きます。

　3度の性質はその本性からして、わりに単純で、いつまでも同じことを続けますが、しかし増えるか減らすかという方向の逆転は起こります。増える。増え方が激しい。増え方がおとなしい。あるいは減る。減り方が早い遅い。

　動きの活発さと意識の明晰さが連動するので、生き生きとしている人は、この3度が示すサインの運動性質が活発だということです。

　例を挙げると、蟹座の3度はシカに先導されるというシンボルで、それは行動や判断に、自分の中の哺乳動物的な要素を使うということです。人を見る目や行動の動機、そのすべてに哺乳動物的な情感作用が働き、シカが先導するソリの速度が上がると感情の働きが活発に、時には激しくなります。知性とか言葉では動かないのです。

　3度は生産力が強く、リズミカルで休みない活動性を持っていますから、あまりお休みすることなく、常に何かしているとよいでしょう。変化が大きいように見えるかもしれませんが、性質は一定で、その点では安定しています。

　また、動く中で冴えてきますが、立ち止まると何もわからなくなるという面もあります。立ち止まってじっくり考えるよりは、動く中で同時に考えるという方がよいし、また、バランスも取れるのです。

♈ 牡羊座3度

The cameo profile of a man in the outline of his country.

「彼の祖国のかたちをした男の横顔の浮き彫り」

　個人を超えた集団意識に染まり、この中で直感的な行動をします。地域の精神の無意識的な代表として振る舞います。牡羊座は実は最後まで、個人化されていない意識で活動しています。個人になるためには肉体に閉じ込められるという牡牛座の体験をしなくてはなりません。

♉ 牡牛座3度

Step up to a lawn blooming with clover.

「クローバーが咲いている芝地に足を踏み入れる」

　生まれつきの恵まれた資質の中に同化していくことで、恩恵を受けます。それは努力によって得たものではなく、受け継いだことによって引き換えにもらったものという意味があります。同化して牡牛座特有の運動性質が生まれます。

♊ 双子座3度

The garden of the Tuileries.

「テューレリー庭園」

　探求をして知識を得る、それがその後の行動のガイドコースを作るという双子座の基本的な体制が作られます。それはほとんど本能的に発揮されるものでもあり、本人が選んでいるわけではないのです。

♋ 蟹　座3度

A man bundled up in fur leading a shaggy deer.

「毛深いシカを先導する毛皮に包まれた男」

　正確には、毛深いシカに先導される男だと思われます。すべての生命に共通の動物的な性質というものを判断の基準にして、個人の知性では及ばないものを探索します。これは脳の深い部分を活用するという意味です。常にこれが蟹座に共通した方針であると考えるとよいでしょう。それ以後、動物の部分がいつも行動の案内者となり続けます。情感で判断するというのはそういうことです。

Ⅱ　度数の意味

♌ 獅子座3度　A woman having her hair bobbed.
「髪型をボブにした女」

　火の元素を土の元素から分離して、永遠に変わらない生命力としての火を重視するという姿勢を打ち出します。年齢相応の器としての土の元素、すなわち肉体には振り回されないという宣言です。もちろん、獅子座はこの姿勢をずっと貫きます。

♍ 乙女座3度　Two angels bringing protection.
「保護をもたらす2人の天使」

　一つの信念・信仰を抱くと、何を見てもそれを証明するものだけが見えてくるという作用です。意識の盲点が発生しますが、それがないと、乙女座の個我の育成ができません。

♎ 天秤座3度　The dawn of a new day, everything changed.
「新しい日の夜明け、すべてが変わった」

　他からの意志を受け入れ、自分をオープンにすることで人生にダイナミックな変化が発生すること。天秤座のすべての性質にいえる基本的な姿勢を打ち出します。

♏ 蠍　座3度　A house-raising.
「棟上げ式」

　お互いに人格の殻を打ち破った後、共同で新しい構築をするという蠍座の基本姿勢がここで打ち出されます。蠍座は死と再生のサインといわれますが、いったん壊して、新しく共同で作り直すのです。

♐ 射手座3度　Two men playing chess.
「チェスをする2人の男」

　摩擦の火といわれる射手座の基本的な取り組み方を形作ります。知恵を働かせ、戦略を考え、対戦していくのです。柔軟サインは二重性がありますから、自分の頭の中に対戦相手がいると考えてもよいでしょう。ぶつけあって上昇します。

♑ 山羊座3度　A human soul receptive to growth and understanding.
「成長と理解に対して受容的な人間の魂」

　どんなことも具体的に成果を出して、それによって進んだかどうかを確認するという山羊座にとって最も大切な基本姿勢が確立されます。

♒ 水瓶座3度　A deserter from the navy.
「海軍からの脱走兵」

　感情的共感によって集団化する社会から独立し、もっと広い場に身を置いて考えるという水瓶座のある意味反社会性を打ち出しています。以後、どの度数でもその姿勢は変わりません。

♓ 魚　座3度　Petrified forest.
「化石化された森」

　雑多な素材の中から優れたものをセレクトして、永遠化・元型化する魚座の姿勢が打ち出されます。価値のあるものは普遍的にしていく。それは時間の流れの中で風化してはならないのです。時間とか環境の変化に振り回されないものこそ、意義があります。

II　度数の意味

4度 (3.00度～3.99度)

【普遍化】

3でジャンプ・上昇したものが4で着地して安定する

　4の数字は安定や定着、着地などを意味します。ピュタゴラスのモノコードでは4分の3の弦の位置を押さえて音を鳴らすと4度の音、すなわちファの音が響きますが、これは安堵の音といわれています。

　3は上昇と高揚感。そして4は安堵ということで、3と4はジャンプと着地の関係性です。

　この3と4は数字の意味の基本で、誰でも高揚感と前進、そして休息と安定というものを交互に体験することで満足を得ることができます。

　4の数字の中には、活動の停止、眠りというものも含まれています。日本では4は死と読むということから嫌われていた時代がありました。しかし死というのはそこで運動が終わるので、その後、定着するということにもなります。

　評価が安定して変わらない、というのも、死の後の話でもあり、また死の後の安定の土壌から、次の新しいものが生まれてきます。その土台を作るのです。

　サインでいえば4番目は蟹座。これは集団的な意識への同化を表します。そのため、4の数字は集団的なソースとの接触を示しています。誰にも共通する普遍性への接触です。家族やその背後にある地域、国家、大陸、地球的なもの。このような共有されたベースに接触することで大きな力を得るのです。

　サインの中の4度は、それまで開発した3度までのサインの性質を、より大きな源泉と接触させて、より強い普遍的なものへと拡張します。つまり、あちこちにある似たようなものと共鳴して共有意識を作り、そのことで活動のソースを大きくします。

　例えば、何か考え方を持った人がいたとして、それを1人で主張する時は不安です。しかし同じ意見を持つたくさんの人を発見し、またその意見に同意する

人や仲間が出てくると、力づけを得て、自信を持つことができます。安定したものも手に入れることになるのです。

同質性が果てしなき拡張を生み出す
性質としては蟹座そのものを表している

　図形としての十字や四角形は4の数字を示しています。地上においての家はたいてい四角形とかあるいは立方体を基本にしています。丸い家や三角形の家というのは少ないです。また十字は、縦にも横にも増えて、無数の格子を作り出すことができます。

　同じ規格のものは果てしなく拡張できます。4の数字は同質性、同じにするという意味では、蟹座もそのようなものを含んでいます。

　同じになるとは、基本的な元型やスタイルをコピーするということです。そこで独自性を主張すると、この広がりと共有というものができなくなるのです。一つの組織のメンバーは全員同じ制服を着る。すると、メンバー全員の共有性が強まります。同じであることで力が強まるのです。

　サインの4度は静けさや深み、沈潜するという雰囲気に共通点があり、ノイズのない純度の高い静謐（せいひつ）な雰囲気があります。それは自分の主張を引っ込めて、より集団的・共有的・普遍的・安定的なものに浸されることを示しています。

　大きなエネルギーを吸引する時には、たいていその存在は動きを止めます。

　車が給油する時には、給油所で止まります。人がチャージする時には、じっと動かず眠ります。

　動きは独自性への志向性を持ち、停止は共有性へと向かうのです。

　親しく語り合う時には、みな座ります。みんなでアイデアを出し合う時には、全員立っていたり一緒に歩いたりする方がよいのですが、親しもうとする時には全員が座った方がよいのです。

　4度の持つ独自性を取り除いて、じっと停止して、深く沈潜する。4の数字の目的からすると独自性の主張はノイズ成分であり、同化への反発です。それらを全部押さえ込んで静かに純化、同一化していくシーンは、独特の魅惑があり、深い意識に到達します。

柔軟性が欠けていて常に同じことを繰り返す
個人的ではないが普遍的で無意識の力

　より深くより大きなものと同化して、そこから個人の力を超えたパワーを吸い込む4度の人は、心理面、心が発達する機会も多く、共有・共感の意識が次第に高まっていくことになるでしょう。
　そして考え方は若い時も老いた時もあまり大きく変化しない面もあります。
　強い手ごたえ、また深さということを大切にするので、自分一人で暴走する傾向も少なめです。強い説得力があり、他の人が納得できる性質を持つのは、もちろん個人を超えた集団的なパワーを吸い込んでいるのですから、他の人にも同じような影響を与えるという点からきているのです。
　だんだん日ごとに力を強くしていくので、この度数を持つ惑星は多くの人にも影響を与えることが多くなります。しかし、柔軟性には欠けてくるでしょう。
　常に同じ態度になりやすく、繰り返しの中で、より深く力を蓄積していきます。ただし、まだ初期度数に近いので、個人として応用できない面が多く、より普遍的ではあるが、より無意識です。
　ある種のルールを押しつけていくような傾向にはなりやすいでしょう。例えば、乙女座の4度は平等主義の度数です。平等主義になるためには、物質主義でなくてはなりません。個人の資質がいかに違えども、肉体としてみれば、人には大差ないのです。そのため、人を物質的な存在とみなすかぎりにおいて、平等主義は徹底して行き渡るようにできます。乙女座4度は例外的な措置を好みません。このように常に同じルールが適用されるとケースが多いのです。
　4度では普及ということが重要で、どんなシーンでも型押しをしたように同じ姿勢を押し出すことが多くなるでしょう。

♈ 牡羊座4度　Two lovers strolling through a secluded walk.
「隔離された歩道を歩く2人の恋人」

　より深く環境に関わるために、手助けになる人との親密な関係を作ります。そのことで環境に適応します。他に誰もいない。そこでの親密な交流です。

♉ 牡牛座4度　The rainbow's pot of gold.
「虹にある金の壺」

　天とつながる契約の印である虹のふもとに行くこと。それは自身の運命を受け入れ、その流れの中に入ることで、その代わりに幸運を手に入れることを意味します。これもまた集団的なソースに浸ることですが、牡牛座の場合には家系などが集団性を代弁します。天とつながる虹は天から与えられた役割であり、必然性であるという認識と自信を与えます。

♊ 双子座4度　Holly and mistletoe.
「ヒイラギとヤドリギ」

　知性と情感の関係、意識と無意識の関係が密接であることを知り、応用します。あるイメージを取り出すと、そこに経験や情感、あらゆるものが結びつき連動するのです。多くの人は、みなそういう記号と情感の共有をしています。多くの人が共有している連想性を生かすのです。

♋ 蟹　座4度　A cat arguing with a mouse.
「ネズミと議論するネコ」

　蟹座の集団的な価値のために、個人的な主張を少しずつ引っ込めていきます。有利な立場でも、相手の意見を聞くということが大切だということです。

♌ 獅子座4度

A man formally dressed and a deer with its horns folded.

「正装した男と角を刈られたシカ」

伝統的で古いけど、そういうものの中にある勇気や雄々しさ、強くあることなどの普遍的なスタイルに自身を重ね合わせて、気合の入った人生を作り出していきます。同じタイプの人々に共感します。

♍ 乙女座4度

A colored child playing with white children.

「白人の子供達と遊ぶ黒人の子」

物質的な条件では、人間は誰もが平等に見えるということを、公平さの基準にしていき、すべての人と共有している価値観に重きを置きます。

♎ 天秤座4度

A group around a campfire.

「キャンプファイヤーを囲むグループ」

親密な対人関係を作るスタートで、信頼関係の中で一緒に夢を実現していく、そのための基盤です。社会に広がるには最低3人が関わるとよいという話です。

♏ 蠍　座4度

A youth holding a lighted candle.

「火の灯ったロウソクを運ぶ若者」

深い関係の人との共同の中で人生を開拓していきます。深めるほどに感情は強い満足感を感じるという蠍座の基本姿勢をもっと安定したものにしていくのです。また、性的な結びつきの意義も発見します。

♐ 射手座4度　A little child learning to walk.
「歩くことを学んでいる小さな子供」

自立性や戦う力を教えることで、自分の中でもそれが強まります。子供に教えること、育てることで、それはもっと確信のあるものに広がります。

♑ 山羊座4度　A party entering a large canoe.
「大きなカヌーへ乗り込む一団」

共同で一つの仕事に取り組みます。その時には互いに信頼しないことには、危機に陥ります。共通の目的のために力を合わせることの楽しみを見出します。

♒ 水瓶座4度　A Hindu healer.
「インドのヒーラー」

地域的な狭い場所に埋没したくない人が、もっと普遍的な活動をするのに、どこでも通用するような技能を磨くことで生きていくという姿勢を確立します。

♓ 魚　座4度　Heavy traffic on a narrow isthmus.
「狭い半島での交通混雑」

良いものはすみずみまですべてに浸透させるという魚座の基本姿勢が現れます。部分でなく全部ということが重要視され、毛細血管のすみずみまで行き渡る普遍化を表します。

5度 (4.00度〜4.99度)

【冒険と刺激】

4度の普遍性・共有性によってチャージされ刺激的で無謀なチャレンジをする5度

　4度で普遍性を獲得すると、それぞれのサインの人は、この今までになく大きなエネルギーソースを使って、より大きな冒険に出ようとします。

　手に入れたお金の金額が大きいほど、それでできる遊びはダイナミックになるかもしれない、それと同じことです。

　5度では新しいジャンプや冒険に乗り出そうとしますが、たいていは無謀で、実現できそうにないことを試みようとします。

　4度は普通ということを示します。なぜなら、それは普遍性だからであり、みな同じということでもあるでしょう。人間の意識は差異性に目を向ける傾向があります。つまり普通というのは関心を惹きつけないのです。

　道を歩いている時に、いつもと同じものには目を向けません。いつも自動車が走っている。すると自動車にわざわざ目を向ける人はいません。この中で、ちょっといつもと違うおかしなことがあるとそこに関心が釘づけになります。

　意識は射出することで成り立ち、目覚めるので、いつもの同じものが続くと次第に眠り始めます。しかし、目新しい刺激があると、それは冴えてきます。

　5度は、4度の普遍性・共有性によってチャージされ、しかし退屈で刺激のない状態に飽きて、もっと刺激的なことをしようとする行為です。話が大きくなる傾向が強いのは、確実に実践することよりも、まずは刺激が欲しいからです。

　そして4が当たり前ならば、そこから次に踏み出すべく、当たり前でないことを求めようとします。

　結果は手痛い体験をすることもありますが、非常に元気です。ここで失敗したことは後で必ず成功するところまでこぎつけます。つまり、まずは後先考えずに飛び出してみる。

5の数字は獅子座とか5ハウスなどにも似ているし、また子供を象徴とします。子供的な冒険性と考えるとよいです。

ほとんどのサインで5度は過激で、テンションが高いといえます。実現するかどうかはともかく、理想を打ち出していくのですが、それは極めて純度の高いもので、そのサインの持つ性質の中の推進力の中核ともなるものです。これが弾道を作り出すと考えてもよいでしょう。

4は外に飲み込まれることで拡大するが5は自分を変えないで拡大していく

5の数字の倍数は10で、これは外に対するプレゼンテーション能力や外の世界に接触することを示しています。この外へという姿勢の基礎は、5の数字の段階で作られます。

しかし、5の段階ではまだ外に接触できておらず、むしろ外へ働きかけたいという欲求を高めていくプロセスにあります。そのため、何一つ実行に移されていない場合もあります。

5は外への冒険的な意欲。すると10は実際に外への働きかけ。15はもっと押しつけること。20は外への依存性を断ち切り、外の状況に振り回されることなく、自分の意志を押し出すことができるようになり、25では全く自立的な働きをする結晶が生まれ、それはとても自己生成的で、これがサインの完成段階です。

そうした5の倍数の流れの芽生えが5度なのです。

4は死に体によってチャージ、同調するとすれば、5度は何もしないで受身になることはないです。いつも飛び出そうとし、刺激を求め、面白いことを探しており、現状維持ではないプラスのものを作り出そうとします。

また、五角形の図形には黄金率が隠されているといいます。この黄金比率で広がっていくものに黄金渦巻きがありますが、自分のかたちを変えることなく拡大します。つまり、もともとのかたちを変えないというのは、わがままな欲求をそのまま通すということです。もちろん、自分のかたちを変えながらというのは、外に合わせながらになりますから、5ではなく4の普遍化への方向性であり、5は自分の、他の人とは違う主張をそのまま増大させようということなのです。

5は自分を変えないで拡大する。4はむしろ外に飲み込まれて拡大する。その意味では蟹座という4番目のサインの5度は不思議な構造です。

5度は4度の充電を放出するタイミング
チャージするコツを身に着けることが大切

自分の中の個人的エゴを出し、それが叩かれることでより大きな普遍性へと向かおうとするので、ここではショックを受けることの清々しさや心の広がりがあるのです。

5度は刺激の強い度数なので、静かな状況が続くと基本的にはいらつくことも多いでしょう。また、エネルギーの放出が大きいので、しばしば消耗することも増えてきます。その点では枯渇した時にチャージする方法を見つけ出しておくと後々まで役立つことも多いのですが、その鍵は手前の4度にあります。

4度は充電、5度は放電だからです。困った時には、4度のサビアンを参考にしてみてください。

♈ 牡羊座5度

A triangle with wings.

「羽のある三角」

　純粋に理念が飛び始め、実生活はそのために使われる素材であるということがはっきりしてきます。火の元素の純度の高さは、極端です。現実離れした理想を実践しようとします。

♉ 牡牛座5度

A widow at an open grave.

「開いた墓の前にいる未亡人」

　もっと大きなエネルギー源を求めて、もっと資質の深層に入ります。そのためには、今まで持っているものを失うというか、消費しきるとよいのです。なくなれば必要になるからです。

♊ 双子座5度

A radical magazine.

「過激な雑誌」

　風の柔軟サインとしての冒険性として、情報をどきどきする刺激的なものに変えて遊ぶという姿勢が打ち出されます。

♋ 蟹　座5度

An automobile wrecked by a train.

「列車に破壊された自動車」

　より大きな集団性に入り込むのに、小さな集団性をクラッシュするという蟹座の拡大衝動が発揮されます。ある意味、弱肉強食です。

♌ 獅子座5度

Rock formations at the edge of precipice.

「絶壁の端にある岩の塊」

　獅子座の無謀なチャレンジの典型です。話は大きいけれど、それを果たしていません。話が大きすぎるために果たせなくなるのです。

♍ 乙女座5度

A man dreaming of fairies.

「妖精の夢を見る男」

　合意的現実というささやかな人間的な範囲の中で、ぎりぎり目いっぱい情動の躍動と夢を広げるという試みが行われます。しかし獅子座のように危ない挑戦はせず、イメージ遊びになります。

♎ 天秤座5度

A man teaching the true inner knowledge.

「心の内面の知恵を教える男」

　信頼できる人の前でなら、ひそかに抱いていた夢を語ってもよいと感じます。そしてそれを聞いた人と一緒に、人生の冒険にチャレンジします。心を開くという冒険でもあります。そこまで言ってもよいのかいつもなら躊躇する内容を語ります。

♏ 蠍　座5度

A massive, rocky shore.

「大きな岩場の海岸」

　大きな硬い殻を打ち破り、変革するチャレンジに挑戦しますが、ターゲットが大きすぎて、始めは全く歯が立たない体験をします。ですが、そのくらいでないとやりがいがありません。

♐ 射手座5度　An old owl up in a tree.
「木の高いところにいる老いたフクロウ」

作戦を立てて集団扇動をし、根底的な火の高揚感を演出します。それは射手座的な遊びです。人心を振り回して遊ぶ精神も発揮されます。

♑ 山羊座5度　Indians rowing a canoe and dancing a war dance.
「カヌーを漕ぎ戦争の踊りを踊っているインディアン」

新しい仕事、またさらに大きな組織性への冒険です。挑戦し、崩れたとしても、むしろより拡大することができます。蟹座と連動しています。

♒ 水瓶座5度　A council of ancestors.
「先祖の委員会」

自分が成り立つのに大きなネットワークに支えられている。つまり1点も、全体がないと成り立たないことを自覚します。人間は1人で独立して生きることはありません。個人の自覚の枠を超えて、もっと広がった意識ネットワークへと拡大する挑戦です。

♓ 魚　座5度　A church bazaar.
「教会のバザー」

ありきたりのものではどれもこれも同じ。つまり普及してしまうと、それらはすべて均等で、さらに大きな価値を作り出すには、目に見えない付加価値をつけないといけないことがわかります。そこで、実はものよりもイメージ、見えないものの方が価値があり、多くの人はそこに反応していることに気がついて、その応用をします。言葉遊びやイメージ遊びでもあります。平凡なものが特別なものに見えてくるのです。

6度 （5.00度〜5.99度）

【環境との結びつき】

相手や環境との相対的な関係によって6の働きは決定されていく

　6度は図形でいえば六角形で、それは意識の三角形と環境の側からの鏡像としての三角形の組み合わせです。つまり、呼ぶものがあれば答えるものがあるというものです。

　子供が絵を描く時に六角形を描くと、父母の性行為を目撃したのだと、児童絵画研究家の浅利篤氏はいいましたが、それも陰陽的な二つのものの呼応です。

　さまざまな世界を飛ぶことのできるといわれている、カバラの光の戦車マカバというものは横から見ると六角形で、それは上からの男性四面体と、下からの女性四面体の組み合わせでできています。

　1人の人間の中に、この男性的な要素と女性的な要素が両方備わっているのですが、女性四面体は地上から、男性四面体は天からやってきます。

　サインでも、このマカバのように6度で環境と関わることになります。そして一度環境と関わると、それとの関係で働く認識力が発達し、それ以後はそこから逃れることができなくなってきます。

　運動原理としての3の倍数が六角形の6の数字ですから、ここでは2倍という意味で2の数字が働き、つまりは6とは相対的に相手に振り回されるかたちでの創造原理ということになります。

　自分一人で勝手にできるのは5の数字であり、6になると相手とか環境が出てきて、それとの関係でしか動けなくなるのです。

自分が何を要求されているかに敏感となり
要求されている役割を果たそうとする6度

　6というと、占星術では乙女座とか6ハウスということを思い浮かべます。これは仕事とか働くということに関係しますが、自分で自主的に計画して行動する人はあまりいません。たいていは雇い主の要求に従って仕事をします。そこでは待ちの姿勢というものが重要視されます。

　乙女座も6ハウスも役立つのですが、それは相手の要求を聞いて応えようとするからです。その手前にある獅子座または5ハウスは一人遊びであり、相手のことは空気か、周囲に生えている樹のようにしか見えておらず、相手の要求に応える気はありません。

　6度は自分が何を要求されているかに耳を澄まし、要求されている役割を果たそうとする。つまり、評価は相手の反応次第だということになるのです。

　そういう意味で、増大する5の数字の5度の冒険心は、環境と関わっていないからこそ誇大になるのですが、6度で環境と関わり、その関係の中で活動するようになると、重い負荷がかかり、5度の誇大な夢は沈静化し、あまり自由には動けなくなる、というよりも動きたくなくなるのです。

　自分と環境は合わせ鏡ですから、環境のサイズに自分を合わせます。

　環境が小さいと自分の身体を縮める。無謀で暴れ者の人も、フィットする異性が登場すると、急に相手を意識しておとなしくなります。

　環境に合わせてリサイズしないことには、要求に応えることができないのです。10個欲しいといわれれば10個渡す。3個欲しいといわれると3個渡すのです。

　要求に律儀で、その関係に自分を犠牲にすることもしばしばです。それぞれのサインの6度は、そのサインの環境に対する関わり方が如実に現れます。

相手や環境との深い結びつきを好む
サービス精神豊富な度数が6度

　この点で6度の度数を持つ天体は律儀で要求に素直な、サービス精神のある性質と働きを持っていると考えるとよいでしょう。自分から勝手に何か言い出すこともなく、相手が何を求めているかを考えてから、判断しようとします。

　また、相対的状況に振り回されやすく、独立性が少ないともいえます。敏感で反応が早く、状況が変化してもすぐに合わせることができるでしょう。

　期待に応えようとして無理なこともしてしまいます。

　環境との関係が深く結ばれるので、一度選んだ場所や人との関わりからは自ら離れることは少ないともいえます。無意識との関係は他の度数よりも強く影響を受けるので、気がつかない間に考え方や姿勢が変化していることがありますが、それはより深く環境に食い込む変化へと向かうことが多いでしょう。

　火や風のサインの場合、能力や知識の拡大を求めて、それこそふさわしい環境に向かい、水のサインは深い情愛や親密さがキーワードになり、土のサインは立場をよりはっきりと確立するかたちで自分に必要な場へ没入します。それがないと生きてはいけないと感じるものがあるのです。

♈ 牡羊座6度　　A square brightly lighted on one side.
「一辺が明るく照らされた四角」

　　春分点から環境の中に初めてやってきた魂は、環境とのほどほどの関係がわからないので、どっぷりとこの環境の中に関わりたいと考えます。しかし、人間個体としての肉体性を獲得することで手に入る感覚的な要素は、次のサインである牡牛座にならないと、うまく備わりません。そこで、宇宙的な原理であり、抽象的な四つの原理、すなわち火・風・水・土の火の部分に自分の活動性を重ねようとします。それは人間個人としてのリミッターが機能していないので、あらゆるものを自分と関係づけ、世界を支える部品であるかのようなものとなっていきます。何でも背負い込むヘラクレス的な姿勢です。

♉ 牡牛座6度　　A bridge being built across a gorge.
「渓谷にかけられる建設中の橋」

　　自分の引き継いだ資産を使い切り、空っぽになります。結果的にもっと大きな鉱脈を探して、隣の山に手を出します。一つの山に住んでいた人が山脈という視点にシフトして、隣の山に向かうのです。一等親の家族から二等親の家族に拡大したようなもので、潜在的な資質は拡大します。閉鎖的サインですが珍しく対人関係に興味を抱きます。

♊ 双子座6度　　Drilling for oil.
「油田の掘削」

　　それぞれ肉体という個体性を手に入れたので、個人としての視点が強まります。すると、ここで他の人との競争が発生します。他の人を追い抜くこと。牡牛座の場合には、隣のものは自分のものというような公私混同が起きますが、双子座では隣のものはライバルでもありよす。

♋ 蟹　座6度　　Game birds feathering their nests.
「巣を作る猟鳥」

　　共同の場や家庭などを作るために、犠牲的に振る舞います。水のサインは一体化ですから、風のサインの双子座のように離反・分散するわけではなく、環境の中にどっぷりと共感的に関与します。新婚家庭を作るというような雰囲気もここにあります。

Ⅱ　度数の意味

♌ 獅子座6度　An old-fashioned woman and an up-to-date girl.
「時代遅れの女と最先端の少女」

　永遠性の創造意志の具現であると思っている自分が環境の中に関わると、そこには時代の流行とかあてにならない時間の流れがあり、それによる戸惑いを表します。自分を表現する場を見出すには環境に合わせて、適合するものを見つけ出す必要があるし、放置しておくと時代遅れになるのです。関わり方次第で、立場がいくらでも変化することを発見します。

♍ 乙女座6度　A merry-go-round.
「メリーゴーランド」

　軸になる立場の人に依存して、その周縁的な細部に至るものに楽しみを見出し盛り上がります。細かいことは楽しい。それに耽るには、全体を統括する立場にはなりたくないということです。

♎ 天秤座6度　The ideals of a man abundantly crystallized.
「男の理想が多くの結晶に変わる」

　もともと天秤座は秋分点から始まりますから、成果の刈り取りということ。内的なイメージがかたちになるというものですから、環境と関わる、すなわち何かのイメージを実現するということになります。心の中にあるまま放置されているものはなく、どんなものもかたちになって表現されます。

♏ 蠍　座6度　A gold rush.
「ゴールドラッシュ」

　ダイナミックな野望の中に自分を投じることを表し、環境に飛び込みます。大きな夢の中に逃げ場なしで飛び込むことで、確実にものにするのです。

♐ 射手座6度　A game of cricket.
「クリケットゲーム」

　双子座が個人競争だとすると、射手座では集団競技のようになり、また戦うことスポーツすること競い合うことなどが環境とのリズミカルで刺激的な関わり方の基本になります。もちろん、ライバルに対しても正々堂々としたマインドの共感があります。

♑ 山羊座6度　A dark archway and ten logs at the bottom.
「暗いアーチのある小道と底に敷かれた10本の丸太」

　仕事とか共同体の中で役割を果たすことの犠牲になり、また多くの人の活動の基礎を作ることになります。

♒ 水瓶座6度　A performer of a mystery play.
「ミステリー劇の演技者」

　環境の中での人格や個人、役割などはみな演技的なものであり、自分の本質は環境との関わりの中にはないことをはっきりさせます。結果的に、すべてを演じるということに徹するとよいのです。この役割からは10度で離れていきます。

♓ 魚　座6度　Officers on dress parade.
「衣装行進している将校達」

　大きな目的や大義名分に自分を投じます。それは神聖な目的で、そのために命を捨てるような覚悟です。これも目に見えない象徴的な意義への依存と考えてもよいのです。

Ⅱ　度数の意味

87

7度（6.00度〜6.99度）

【落差による意欲】

人体のチャクラであり音階であり宇宙法則の模写でもある7

　宇宙法則は七つでできているというのは古典的な神学とか、また精神世界においての常識のようなものです。

　人体には七つのチャクラがあり、また音楽の七つの音律は、そもそも宇宙法則を模写したものであると考えられています。

　ピュタゴラスは上昇5度のソの音だけを模索して、七つの音階を作り出したといわれています。ソの音は高揚感を示し、ジャンプする力です。この高揚感だけを追い求めると、結果的に七つの法則になるというわけです。

　7の法則は理念的に考えられたものでなく、自然に追い求めると、結果として7の数字が出てきたということなのです。

　サビアンシンボルには虹のイメージが登場しますが、虹は天と地をつなぐ七色の橋だと考えられています。肉体と天上的な意識の間には、エーテル体という「橋」ないしは「綱」としてのエーテル体があるといわれていますが、先に述べた人体の中のチャクラは、エーテル体にある階層だといわれています。落差のあるものの間に、七つの階層ができるということです。

　中国では太一陰陽五行（たいついんようごぎょう）という発想がありますが、絶対の無の意識は陰陽に分割され、世界が生まれます。しかし、この陰陽だけだとあまりにも単純なので、この陰陽の下に五つの元素が生まれるのですが、陰陽の陰は漆黒の闇のようなもので、この下に五つの元素ではなく、むしろ、この陰陽の間に五つの元素が生まれてきます。

　五行に陰陽の二つを足してもよく、すると、太一という絶対の物質は七つに分割されると考えてもよいのです。

2点間の落差があるかぎり
交流が生まれ七つの法則が成り立つ

　意識は射出することで働くと考えられますが、つまり、発信と射出先があります。ここからあそこにということです。

　この、こことあそこには落差があります。この落差が激しいと、その間を走り抜けるエネルギーは、強く勢いの強いものになります。崖から落ちる水を想像するとよいでしょう。

　この2点間の落差があれば、どんな小さなものにも、その間に七つの法則が宿ると考えるとよいのです。

　イギリスの物理学者ポール・ディラックは、送電線に留まる鳥は感電しないということを例に挙げました。地上と電線の間には非常に大きな電位差がある。が、鳥は電線の上にあり、電線に流れるものと同じ電位になるので感電しない、と。

　このたとえをもっと拡張すると、電線の上の鳥と隣の鳥の間には、ごくわずかな電位差があります。この間に七つの法則が成り立ちます。それは地上との間の強烈な電位差に比較すると、ないに等しいものですが、しかし鳥と鳥の間、すなわち人にたとえると対人関係とか人と人の集まりで出来上がる社会では、この小さな電位差の間に、活動の余地が生まれています。

　大きな意味では人と人には違いなどありません。しかし細かいことを言い始めると、個性の違いとかいろいろあります。

　そこに落差があるかぎり、交流があり、七つの法則が成り立つのです。

落差は目標やストレスを与えてくれるが
それは環境と関わることでしか生まれない

　落差のある2点間が成立すると、そこに七つの法則が成立し、またこの落差というものが活動の欲求を生み出し、またどこからどこに向けて走るかも決まります。

　これがタロットカードの7の「戦車」の意義です。しかしこの落差は、同時にストレスも作ります。怒りも作ることもあります。

Ⅱ　度数の意味

差別や不正という落差があると、それは怒りを生み出します。そして七つのステップを一つずつクリアすると、最終的に落差は埋まりますから、もともとの初めの意欲は消失します。誰かを見返してやりたいという気持ちが芽生えて、それが努力する原動力だとすると、それが達成された時に、その人は続ける動機を失います。

　6度で、おのおのサインの人は、環境に関わることになりました。そして環境との関わりの中で初めて発生する落差があります。それに初めて気がつきます。それが達成目標や克服目標、または怒りやストレスなどいろいろな刺激を与えてきます。

　環境と関わらなかったら起こらなかった落差です。牡牛座を例に挙げると、自分の生まれ育ちとか単一の環境の中で暮らしている時には気がつかなかったが、社会環境に出ると、そこで自分の家系がどう扱われているかがわかるのです。

　日本の中ではお金持ちだったのに、世界に出てみると、日本のお金持ちはほとんど問題にならないくらい、小さなものだったことに初めて気がつくというものです。

　環境との関わりで発生する落差や差別、攻略目標、またはイライラや怒り、意欲。それらは戦車を駆り立てるものです。

♈ 牡羊座7度　A man successfully expressing himself in two realms at once.
「二つの領域でうまく自己表現している男」

　大まかな原理としての光と闇に気がつきます。その間に七つの法則が働きます。そして克服目標とか、努力するテーマがくっきりと出てきます。まるで、劇画の味方と敵、善と悪のように、わかりやすい落差が出てきます。

♉ 牡牛座7度　The woman of Samaria.
「サマリアの女」

　落差は、たいていは生まれ育ちや金銭的豊かさ、家系の社会においての地位などに行き着きやすい面があります。この落差が意欲を刺激してきます。才能の差ということもあります。牡牛座は過去から来たものを受け取り、それは肉体の中にある伝統などですから、過去の歴史に関わったところで生まれてきた落差です。

♊ 双子座7度　An old-fashioned well.
「時代遅れの井戸」

　6度の競争で発生した勝者と敗者の落差です。資本家と労働者のような落差が生まれてきた時に、それは永遠の断絶が生まれるわけではなく、雇う・雇われるという関係などが発生します。どんな生まれ育ちでも努力すればドリームを手に入れることができます。

♋ 蟹　座7度　Two fairies on a moonlit night.
「月明かりの夜の2人の妖精」

　家族や近親者、共同体に献身的に貢献する心と今度は反発して外に出たいという心の落差が、気持ちの中で揺れ動きます。なぜなら蟹座の集団意識というものは、拡大する傾向があり、こんな小さなところにいてもよいのかという気持ちとそこに馴染み親しんでいるという両方があるからです。

Ⅱ　度数の意味

♌ 獅子座7度　The constellations in the sky.
「空の星座」

　時代により変化する地上と永遠の価値を維持する星座・恒星などの落差を感じます。自分はその永遠に属しているという確信がありますが、生きている間は、それを維持するのはなかなか難しく、なぜなら時間と空間の中での栄枯盛衰があるからです。それが意欲を刺激します。

♍ 乙女座7度　A harem.
「ハーレム」

　中心にある支配的な立場と周辺にある従属的な立場の間に発生する落差を利用しようとします。周辺にある人は中心者から逃れられませんが、従属している間は恩恵もあります。しかし本当のところは、周辺にある人はさらに下の立場の者に対しては中心者です。中心にいる人も、さらに大きな世界では周辺的な従属者です。太陽⇒惑星⇒月のような相対的な落差を表します。

♎ 天秤座7度　A woman feeding chickens and protecting them from the hawks.
「ヒヨコに餌をやり、タカから守る女」

　何か新しく夢を実現すると、それまでの均衡を保とうとするホメオスタシス的な均衡力の抵抗とか反動が発生することに気がつきます。自分の中にも両方あることに。安心したい保守的な心とそして新しく生み出したい心。このどちらかにいつも属しています。新しく何かしようとした時に批判されたり、そのくせ、自分が安心したい時には、新しく何かしようとする人を批判したりしています。

♏ 蠍　座7度　Deep-sea divers.
「深海潜水夫」

　強い野心を抱くと今までの自分とそのターゲットの間には大きな圧力差が生まれるが、しかし、この圧力差こそが探究心を刺激することを知ります。息ができないくらい苦しい場合にも、それは手ごたえであり、意欲を刺激します。

♐ 射手座7度　Cupid knocking at the door.
「ドアをノックするキューピッド」

　規律とか法則に従ういつもの生活の中で、何か違反するようなことをすると刺激的であり、また、そこに単なる違反でなく、新しい重要な何かの芽生えがあるという予感を感じます。正道と邪道・横道の落差でもあります。

♑ 山羊座7度　A veiled prophet of power.
「力のあるベールに隠れた予言者」

　共同体に関与したいということと、今度はその共同体を終わらせたいという離反欲求の間を行き来します。その結果、共同体の中では孤立しますが、より大きな視点を手に入れて、そこから他の人にはわからないことを知見します。

♒ 水瓶座7度　A child born of an eggshell.
「卵から生まれた子供」

　家系とか生まれ育ちなどの地上的なルーツと天から生まれ地上の係累(けいるい)には全く無関係な自分といっ対比があります。精神は無関係。しかし、肉体は地上の伝統を引きずっています。どちらかというと自分はその超越者に近いのです。

♓ 魚　座7度　A cross lying on rocks.
「岩の上に横たわっている十字架」

　日常の機械的で退屈な暗闇の意識と時折訪れる雷の光の中で輝く啓示の十字架。この意識の落差にストレスを感じます。いつもは見えてこないビジョンをもっと意図的・継続的に手に入れたいと願いますが、それは難しいのです。高揚感を経験した人は、その分、落ち込みもひどくなります。

8度 (7.00度～7.99度)

The meaning of the degrees 【落差の超越】

2点間で振り回されることを
蓄積することで緩和・統合する8度

　8度は対立を乗り超えて、自分の力を溜めることに関係します。

　7度でそれぞれのサインの落差というものが浮き彫りになりました。これはサインごとに状況が違い、そのサインらしい落差とか葛藤、目標が明確になることなどでした。つまり、対立したものの落差の間に、七つの法則が成立するのです。

　しかし、7の数字の不思議なところは、まるでゼノンの矢のように、いつまでもターゲットになるものに到着しない面があります。なぜなら、落差の中で自分が成り立っているので、この落差を埋めてしまうと、今までの自分というものが存在しなくなる。落差を埋めたいと願う気持ちも、この落差のある中で成立する自分が夢見たことです。落差が消えると夢見る自分がいなくなるのです。実現不可能なものを目指しているかのようなところがあるのです。

　しかし8度では、2点間のうち、到達できない川の向こう側にあるターゲットを手に入れて、そこから7の度数の持つ対立を乗り超える、というよりも、帳消しにすることが可能になります。

　縄文時代に狩りなどで暮らしていた人は、日々不安定な生活をしていたと思います。その時に、採取した食物を乾燥させて腐らないようにして備蓄すれば、そこに力の蓄積が発生します。自然界の不安定な条件にさらされることから、自分を守ることができるのです。

　このように8では、蓄積することで自分の置かれた2点の間で振り回される落差のある状況を緩和します。それは対立したものの統合という意味もあります。

行き当たりばったりで行うことなく
溜め込むことで不安定な状況を乗り切る

　日本では8の数字は、末広がりの「八」という文字にたとえて、幸運とか繁栄を表していました。これは力の蓄積という点からいえるのではないかと思います。

　倉を建てて、そこにたくさんのものを溜め込んだら、もちろんそれは繁栄ということにもなるでしょう。

　ただし、外界から自分を保護して力を備蓄するので、ある意味では閉鎖的な面、つまり外に開かれていない面も出てきます。しかしそれは加減の問題でしょう。

　長く溜め込むものもあれば、一定期間溜め込んだら、そのままフリーにするようなものもあります。

　例えば、電気関係では、電力を多く、そして長く溜め込む電池があります。太陽発電も、昼に備蓄した電力を溜め込んで夜に使うことができるようになります。しかし電気部品としてのコンデンサは、ほんの数秒間溜め込むような性質しかありません。これはでこぼこした電圧をそのまま滑らかにするという作用があります。自動車でパワーステアリングというのはハンドル操作が楽でよいのですが、路面の特徴がわからなくなります。ナイキのシューズを履くと足裏を保護できますが、やはり足裏の敏感なアンテナを封じることになり、反対に怪我が増えるといわれています。

　守り力を溜め込むことで外界の変化に鈍くなり、反対に不便になるものもあるということです。

　知恵は知識の蓄積をし、その場その場で衝動的に行動していた人が、もっと計画的に行動できるようになりますから、8を知恵の数字と考えていた時代もありました。

　8は行き当たりばったりにならず、知恵とか財力とか物質を溜め込み、でこぼこを平坦化して、安定させる力です。

　4は安定の数字でした。ということは、その倍数で、環境との関係でフレキシブルに対応した備蓄力は、不安定な状況を乗り切る力を獲得することです。

集中力と知恵で困難を克服する8度は
無駄ない効率的なエネルギーの使い方ができる

　不利な状況を有利なものに転換する力のある8度の度数の天体は、集中力が高く、また知恵を表す度数ともいわれ、賢明な面が強調されています。

　エネルギーの無駄をするということが最も少なく、遠くの未来を想定して、そこから今の自分に必要なことを考えようとします。おそらく圧縮する力が強いということは、他の人のために協力しすぎるということはあまり見られません。そこには節度とか、境界面をはっきりと決めるという決断が働くので、これ以上は無理、しかしその範囲内では何とかできるという冷静さが働くことになるでしょう。

　どんなサインでも、そのサインの元素に関係した力を蓄積することができるので、火の元素であれば強い活力とパワーを。風の元素であれば判断力を。水の元素であればサイキックな要素、また感情の力などを高めることになるでしょう。土の元素であれば生活の安定、また能力を自分の力で強めることができます。

　他の人と比較して、落差があることを認識すると、それを克服のためにテーマにすることが多いということは、置かれた状況で、この落差の大きさは変化し、またその分、攻略するべき労力の加減が変わるので、自分の力を高めたい場合には、ダイナミックな変化に富んだ場所にわざわざ向かった方がよいということにもなるでしょう。落差のある分、エネルギーが強いので、それはそのままその人のエネルギーの蓄積量の大きさに変化していくのです。

♈ 牡羊座8度　A large hat with streamers flying, facing east.
「風になびくリボンのついた大きな帽子、東に向いている」

　これまで自然界の影響にそのまま振り回されていた人が、自分のポジションを安定させ、そのことで外界の動きを敏感に意識することができるようになったというものです。定点を決めると今までとらえどころのなかったものの動きがわかるというのは、例えば海の中のブイとか、あるいはこのシンボル通りに、風に反応するリボンなどです。そういうものがあると、風の方向とか動きを見ることができるのです。占いを学習する人が多いのですが、すると占いの道具はこのリボンのようなもので、とらえどころのない動きに言葉の定義を与えます。漠然とした動きを識別する目安が手に入るということです。

♉ 牡牛座8度　A sleigh without snow.
「雪と一緒にないソリ」

　自分が置かれた不利な立場を乗り越えるための長期的な計画を立てることです。その場にないが、将来必要なものだと思うものをあらかじめ用意します。この度数の天体の年齢時期は準備期間と考えることもできます。

♊ 双子座8度　An industrial strike.
「産業労働者のストライキ」

　7度で生じた資本家と労働者という格差を転覆するために、ストライキを起こし、立場を逆転させようとする行動が発生します。知的な意味では意味の逆転などが関わっています。いろいろな抜け穴を探すという力です。

♋ 蟹　座8度　Rabbits dressed in clothes and on parade.
「服を着てパレードするウサギ達」

　模倣によって自分に力をつけようとします。より優れた規範を模写することで自分の中の葛藤を克服しようとします。憧れの感情というのがとても大切です。

II　度数の意味

♌ 獅子座8度

A Bolshevik propagandist.
「ボルシェビキプロパガンダを広める人」

　永遠なる基準を地上に持ち込み、そのことで実際的な面では大きな異変が生じますが、それは細かいことに振り回されることからの超越です。安定した自分の創造力を維持することができるようになります。

♍ 乙女座8度

First dancing instruction.
「最初のダンスの練習」

　生命力の活性化のために状況に刺激されることを待つという依存を止めて、自分で自分の生命力を煽り、ダイナミックに生きることを試みます。変わった言い方かもしれませんが、自分で揺れ動く力を手に入れるのです。

♎ 天秤座8度

A blazing fireplace in a deserted home.
「荒廃した家の中で燃え盛る暖炉」

　一度脱落した人が、またあらためてもともとの目標達成への努力をすることに戻ります。すると状況的には前のものを失っていないことに気がつきます。放置したものがそのままその人の助けになります。

♏ 蠍　座8度

The moon shining across a lake.
「湖面を横切って輝く月」

　自分がプレッシャーの強い状況に飛び込むのでなく、成果の方から飛び込んでくるのを静かに待つという姿勢を確立します。圧力関係が成り立つものでは、自分が動かなくなると、相手が動くことに気がつきます。

♐ 射手座8度 Rocks and things forming therein.
「岩やその内部で形成されているもの」

　根底的なところでじっくりと変容が起きて、やがては新しい考え方が生まれてきます。今まで間違っていたとか、気の迷いと感じていたものが、実は正当なものに育ちます。異論は未来の正論を作り出すのです。

♑ 山羊座8度 Birds in the house singing happily.
「幸せそうに歌う家の中の鳥」

　自分の理想の家や体系、共同体などを見出し、この中で貢献することに満足します。無理なものを求めず、今あるものの中で力を蓄積することにしたのです。

♒ 水瓶座8度 Beautifully gowned wax figures.
「美しい衣装を着た蝋人形」

　実生活では模擬的に演技することに徹しています。環境にどっぷりと入りきれない場合には、そして環境との関係で矛盾を感じないようにするには、本物以上に細かく再現するということが必要です。

♓ 魚　座8度 A girl blowing a bugle.
「ラッパを吹く少女」

　自分で自分の情感、直感、テンションの高い状態をコントロールして、外部依存しないように試みます。1人で盛り上がる人という意味ですが、落ち込みもまた自分で煽ってしまうので注意が必要です。

Ⅱ　度数の意味

9度（8.00度〜8.99度）

【サインなりの哲学】

すべてを統合化し欠けたものがなく十進法のまとめとしての存在

　9の数字は、9番目のサインとしての射手座あるいは9ハウスです。またタロットカードの9の「隠者」ということを参考にしてもわかるように、哲学・思想・旅などを意味します。

　段階的にグレードアップしていき、だんだんとレベルが上がっていくという特徴があります。そして旅という意味では、模索し、また応用的に考えたりもします。

　9は十進数の数字の部品、すなわち1から9までの間では最後のまとめであり、つまり総合的に考えるということです。

　数字がそれぞれロゴスを表し、人間の意識の働きの基本的な要素を示すものだとすると、それらをすべて統合化した9は欠けたもののない状態を示しています。

　環境に依存しないということから、縛りから解き放たれ、すべてを持って、自由に旅をするという意味になります。

　隠者は処女性の男根といわれています。つまり、どんな誘惑にもとらわれず、あるいはとらわれたとしてもすぐに開放され、純潔化された本能の探求力によって旅をしていきます。誘惑というのは、欠けたものが外界にある時に、それに引き寄せられることを意味します。ですから、9の数字はもう欠けたものがないという意味では、何か特定のものに引き寄せられることはなく、全体的・総括的・統合的な方向での探求をするという意味です。

　異性が誘惑するという時には、異性はその人の欠けたものを意味します。

　9の数字にはその欠けたものがないということなのです。

9度を見ることで
それぞれのサインの哲学がわかる

　探求の目的は、より大きな場、または高められた場を求めてということです。つまり、1から9までがすべてまとまったところの究極の場というものを模索します。

　9のバリエーションである18と27は共通して、模索するということが挙げられます。それらはみな旅をしていると考えてもよいのです。

　ここではそれぞれのサインの考え方が明確に打ち出されますが、考えたり、模索したりする時に、それぞれのサインの9度は、それぞれのサインの特質に応じて、そのアプローチ法が違います。

　例えば水のサインは結合力ですから、考える題材の中に同化します。しかし風のサインや火のサインは同化しない元素ですから、題材の中に同化したり浸ったりしません。外から見るという姿勢になるのです。

　獅子座の場合であれば、それは神のまねごととして、被造物に息を吹きかけて膨らませます。もちろん内部からなので、内側といえますが、対象に対する同化ではなく、外に拡張するのです。

　風のサインは知識だとすると、知識のためには同化してはならないという面があります。同化すると比較ができないからです。天秤座の9度は、たくさんの人の人生を比較することで、その意義を考えようとします。

　もちろん、9の数字の最も純度の高いものは9番目のサインである射手座であり、9の9として、射手座の9度は、精神的に極端につきつめられた境地を求めようとします。

　感情を示す水のサインなどでは、感情作用を通じて模索するということで、知的なものではありませんが、これは水のサインの哲学ということなのです。

　それぞれのサインがどういう哲学を持っているかは、そのサインの9度を見るとよいのです。

自分の意見や考えなどを説明するのが得意
哲学性が高いために抽象的な表現を多用する

　そのサインの思想、哲学がはっきりと打ち出される9度では、考え方というものを明確に意識することが多いために、それを他の人に説明する力が高まります。どういう考えであるかを教えてほしいと聞かれた時に、自分がさまざまなものに対してどう価値づけ、どう判断しているかを説明することに、そんなに時間はかからないでしょうし、また説明することを好む傾向も出てくるでしょう。

　私は水に関係した著作を出し、また水の偉大な力を推進する会社の人に会ったことがありましたが、その人は、MCが蟹座の9度にあり、水の潜在力に対して、さまざまな可能性があることをはっきりと意識し、仕事に選び、またそのことに大きな哲学的な意義を抱いていることに驚いたことがあります。水の力に対して説明をした内容の出版というのは、やはりはっきりと思想を持っていないことにはできるものではありません。黙って実践するよりも、その考え方を世間にもっと広めることに時間をかけていたのです。

　どんなサインであれ、これは9度の行為の典型であるといえるでしょう。

　哲学性というと、火のサインが最も得意な分野ですから、獅子座の9度、牡羊座の9度、射手座の9度は、抽象的な表現が発達しています。時には、それはすぐには理解できないことを語ることも多いかもしれませんが、よく聞いてみると、その深淵さは抜きん出ていると感じるはずです。質問すると喜ぶので、ぜひ考えについて聞いてみてください。

♈ 牡羊座9度　A crystal gazer.
「水晶を凝視する人」

　対象の中に入らず、世界を全体的に球体として見ようとします。それに対する傍観者です。部分に集中するよりもまず全体。細部のものは全体の関係の中でのものだと考えます。

♉ 牡牛座9度　A Christmas tree decorated.
「飾られたクリスマスツリー」

　牡羊座で登場した水晶が、ガラスの窓のある家に変容します。この中は暖炉の火で暖かくクリスマスツリーも飾られていますが、外は寒く、厳しい環境です。ですが、ここでは自分の利益を大切に考え、そこに力を集中させるという土のサインの制限化が働くのです。外にホームレスがいても、それに分けてはならないという原理が牡牛座の原理です。悪い意味ではなく、誰でも肉体的には自分の力を確保し、他のところに奪われてはなりません。その姿勢を明確にするべきです。

♊ 双子座9度　A quiver filled with arrows.
「矢で満たされた矢筒」

　ターゲットに対してあらゆる角度から矢、すなわち関心を向けます。多角的に考え、その可能性の中で考えようとする双子座の基本姿勢が打ち出されます。また限界を突破する鋭さも持ちます。今までの通説があるとそれを覆したくなります。

♋ 蟹　座9度　A tiny nude miss reaching in the water for a fish.
「水の中の魚へと手を伸ばす小さな裸の少女」

　水のサインらしく、何かを理解するにはその内部に同化する必要性を感じます。同じことを感じようとする。しかし人と魚には差異性が高いのですが、同化しようとする水のサインは、そのことをあまり認識しません。人間の手に触れた魚はヤケドするのですが、活動サインは積極的なので、そのことに気がつかないことも。

♌ 獅子座9度　Glass blowers.
「ガラス吹き」

　自分で作ることで何かを理解します。自身の中心的なものから外に拡大する。その意味ではガラスの中心に自分の息を吹きかけることで創造し、この中で追体験的に理解するのです。何を知りたい時には、それについて小説を書いてみるというような姿勢です。

♍ 乙女座9度　A man making a futurist drawing.
「未来派の絵を描く男」

　自分の人格の範囲の中で、ぎりぎりまで刺激と好奇心を拡大します。わざと変わったことをしたりするのは、限界点をもっと外に拡張しようという欲求からきています。

♎ 天秤座9度　Three old masters hanging in an art gallery.
「アートギャラリーに掛けられた3人の巨匠」

　さまざまな人の人生を見て、比較しながら、知恵を得るという天秤座特有のやり方を示しています。

♏ 蠍　座9度　Dental work.
「歯科の仕事」

　必要とあれば、どんな壁でも突破していくという姿勢です。つまり現代人は歯が痛むのが当然の暮らしをしている。ならば、それを技術的に解決していこうということです。掘り下げるというのは、限界を超えていくという意味でもあります。蠍座は常に壁を超えようとするのです。

♐ 射手座9度   A mother with her children on stairs.
「階段で子供達を連れている母親」

　母親的な見えない存在に導かれて、高度な境地に上がろうとする射手座の精神性を表します。すれすれの、安定していない、危なっかしいものでも、限界まで挑戦しようとします。安定性はその後手に入ります。まずは極限まで。

♑ 山羊座9度   An angel carrying a harp.
「ハープを運ぶ天使」

　その場の環境のリズムに同調し、土地とか環境に十分に順応した中で可能性を生かすという、山羊座の方針を表します。暦はたくさんあり、それはみな違う生活リズムを持っています。自分一人だけが急いだりしないで、素直に生きようとします。

♒ 水瓶座9度   A flag turned into an eagle.
「タカに変化する旗」

　記号的な旗を見て意志としてのタカに変える。つまりデータを見て行動するというような姿勢です。実感を伴う観察は客観的ではないと考えていて、非個人的・非実感的なものを大切にしています。

♓ 魚　座9度   A jockey.
「騎手」

　水のサインのために、同化の性質が高く、自身でターゲットに飛び込みます。まるごと飛び込むというのが大切で、それまでの自分の足場を確保しているとひどく中途半端になり、逆に危険になるでしょう。

II　度数の意味

10度（9.00度〜9.99度）

【外と関わる】

10は1から9までで完成させたものを外界に対してプレゼンテーションする

　10の数字は1と0を足すと1となり、1は新しいスタートを表します。サインの中には1、10、19、28が1に関連した度数で、30度の中に四つあることになります。

　それぞれのレベルで新しい展開が始まるのですが、10の数字の場合、今までの基本的な1から9までの要素を統合化し、次の段階に入っていくことを指します。

　これは1から9までで完成させたものを外界にプレゼンすることを意味します。10の数字は山羊座や10ハウスに関連しますが、これらは内輪ではなく、外の社会とか、知らない人がたくさん集まっている集団に働きかける性質を表します。山羊座は冬至点からスタートし、支配星が土星ということもあり、硬い殻を意味します。貝でいえば、内臓が蟹座で外側の殻が山羊座です。人間の人体では山羊座は乾いてやや硬い皮膚や洋服を表します。このように、硬い殻を作った上で外の世界と関わっていくのです。

　この段階になると、もうそれまでの内部構成要素の9までの過程について試行錯誤することはありません。例えば、小説を書いているとすると、もう書店に出る段階で、ここでは内容を修正したり校正したりはもうできないということです。

　1から9までをまとめて統合化し、明確な方針として、外に対してアピールするのです。したがって10度では必ず、新規の今まで触れたことのない人々、集団と接触するという項目が加わります。1度も19度も28度もスタートですが、そういう意味では、1度が自分自身の確立、探求の始まりと考えると、10度では自分を環境の中に押し出した後の外界との関係性の中でのスタートということ

とになります。外との関わりが始まると、戸惑うものや今まで体験したことのない不安や恐れを感じることもあるでしょう。

　乙女座の10度の場合など、外と触れることで警戒心や不安感が煽られ、10度で引っ込んでしまい、しばらくは自分の身近なところで閉鎖的に生きていくことになります。山羊座では、むしろよその共同体や生命圏と接触することで、不安を抱きつつも新しい楽しみが刺激されていきます。なぜなら山羊座は集団社会であり、集団性というのは蟹座と共に拡大欲求を持っているからです。

サインによって対象が変わってくる
5度とは異なり相手を見た上での打ち出しをする

　サインの性質によって10の数字で接触する外界やプレゼンする対象はかなり異なります。サインの性質を考えて推理してみると、それぞれのサビアンが表現している象徴的意味がとても正確ということがわかります。

　射手座ならば、やや宗教的で、また大げさに表現しようとします。

　魚座の場合、目に見えない世界との接触を表します。それはとらえようのない雲のような領域です。もし、あなたが10度の度数を何らかの天体で持っているとしたら、それは外に表現するために磨かれなくてはならないでしょう。山羊座や10ハウスが示すように、たとえ外からの圧力がかかったとしても、それにめげずに自分を外にアピールして押し出す必要があります。

　こなれた10度は、人に見せても恥ずかしくないような、ちゃんとしたまとまりのあるパッケージを目指すので、洗練されたものになることが多いでしょう。その結果、時には外見にこだわりすぎて、内容が少しばかり薄くなることもありますが、それはその人の考え方次第なので、すべての10度にいえる特徴というわけではありません。外から圧力をかけられても、崩れないというのが大切なことです。

　10の数字は5の倍数です。5度の時に思った冒険性は、この段階で初めて冷静で安定した姿勢として打ち出されます。

　5度の時には自分の側からのことしか考えていませんでした。しかし10度では、相手の反応も考慮に入れて、5と5の折衝というような意味も出てきます。

優れたデザイナーに多く見られる10度の能力
他人が見て良いと魅了されるものを生み出す

　ハーモニック占星術は、ホロスコープを倍音化し、より周波数の高い、つまりより洗練されたホロスコープの潜在力を探索することを意味しています。この場合、ハーモニック5のホロスコープとは、それぞれの度数を5倍にすることで作られますが、ハーモニック5の図は、その人の強い自己表現意欲を示しています。

　そしてその倍数のハーモニック10の図は、5のように無闇で一方的なものというよりは、その人の置かれた環境の中で、上手に適応しながら、時代性・環境性を取り込んだかたちで、より優れたプレゼンテーション能力を発揮します。

　私が興味を持ったのは、良いデザイナーとか商品開発力のある人には、強いハーモニック10の特徴が出やすいことです。人が見て良いと感じるものや魅了されるもの、特徴が明確に打ち出されているものは、ハーモニック10で強い個性が発揮されるのです。

　同じく、それぞれのサインで10度は、そのサインの元素やクオリティ（活動・固定・柔軟の3種類）に応じて、より新しいコンセプトや表現力、また異なる環境への働き方、打ち出すものを持っていることなどが挙げられます。

　1人で何か楽しむよりも、常に相手や環境に打ち出すことを意識して考え、行動するとよいでしょう。そのことで、もっと節度のある洗練された能力を発揮することになります。

　反対に、自分一人で何か楽しむということがなかなかできないことに疑問を感じる人がいるかもしれません。それはこの人の要求されていることは何かということを意識して、常に外に発表することや働きかけることが本性なのだと考えてみるとよいのです。

♈ 牡羊座 10 度　A man teaching new forms for old symbols.
「古い象徴に対する新しいかたちを教える男」

　自分の考えた新しい見解を、今までの古い法則的な知識と混ぜ合わせてリニューアルしたものを他の人にプレゼンします。実際に、この度数を持つ人は教える作業に関わる人が多いです。

♉ 牡牛座 10 度　A Red Cross nurse.
「赤十字の看護婦」

　意に沿わない状態から将来的な計画をもって抜け出し、最後には幸せをつかむという体験を他の人に教えます。牡牛座にとって、外界は馴染みのないものです。そのため、知らない人に対する警戒心は働きますが、自分の経験ならば自信を持って教えることができます。根気を教えるという点では、誰よりも有利です。

♊ 双子座 10 度　An airplane falling.
「落下する飛行機」

　鋭い知性を発揮し、それを応用した驚くべき技を見せつけることになるでしょう。落下する飛行機は人をあっと言わせることが重要となります。

♋ 蟹　座 10 度　A large diamond not completely cut.
「完全にカットされていない大きなダイヤモンド」

　感じたことを表現するプロセスです。心で感じたものを他人はちゃんと理解してはくれません。そのため、批判を受けても落ち込まずに自分の思ったことを表現する練習が必要です。それが、カットされたダイヤモンドとなるプロセスです。

II　度数の意味

♌ 獅子座 10 度　Early morning dew.
「早朝の露」

　自分自身の創造的精神を、生活のすべてに広げていくことを指しています。人にアピールする前に、どんなものに目を向けてもそこにクリエイティビティを発揮します。それが、結果的に生活を改善したり、新しいコンセプトを打ち出したりしていきます。創作する態度を伝えることになります。

♍ 乙女座 10 度　Two heads looking out and beyond the shadows.
「影の向こうを覗く二つの頭」

　外の世界に向かおうとする時、今まで自分の人格を成り立たせるために、退けてきた影の要素に出会うことになります。外界と接触することでショックを受けて引っ込むこととなりますが、その後は、自分の目に入る内輪の領域を完全なかたちで管理しようとする流れを作ります。ここでは外に出ることの恐れを人に伝えることもあります。

♎ 天秤座 10 度　A canoe approaching safety through dangerous waters.
「危険な流れを抜け安全な場所に辿り着いたカヌー」

　今まで挫折したり、また這い上がったりというような人生経験の知恵や人生の様相について他の人にそれを語り、説いていくことになります。

♏ 蠍　座 10 度　A fellowship supper.
「親睦夕食会」

　業種の違う人達でも、限界を突破する、苦労して成し遂げることは共通した体験ということを確認しながら、異なる分野の人々と親交を結びます。

♐ 射手座 10 度　A golden-haired goddess of opportunity.
「金髪の幸運の女神」

　自身の高度な精神的体験を大げさに、劇的に表現しようとします。壮絶さやダイナミックさを感じさせるような表現力です。

♑ 山羊座 10 度　An albatross feeding from the hand.
「手から餌をもらうアホウドリ」

　自分がいる共同体とは違う環境に接点を作ろうとします。外国や異なる地域などです。山羊座は集団社会性を表し、それはどんどん拡大するという法則を持ちます。考え方の違う人と関わることは勇気がいるでしょうが、それはとても楽しみです。

♒ 水瓶座 10 度　A popularity that proves ephemeral.
「一時的だと証明される人気」

　人格やキャラクターなど、生活のために構築したものはすべてニセモノで、自分自身の本質としては何も名づけられないようなものが本質であることを押し出します。本性を明確にすることになるでしょう。

♓ 魚　座 10 度　An aviator in the clowds.
「雲の上の飛行家」

　霊的なものや非物質的なものとの接触を意味します。その結果を人に知らせるということで、ある種のスピリチュアルリーダーのようなものになることが多いでしょう。見えないものを他の人に提示することになるのです。

11 度 （10.00 度〜 10.99 度）

【テンションの高い実験性】

10が現在ならば11は未来の夢
挫折を知らない頭でっかちな面もある

　11 の数字は足すと2で、10 に対する相対化という意味があります。

　サインでいうと水瓶座となりハウスでは 11 ハウスに対応します。

　10 の数字の山羊座や 10 ハウスに対しての対抗的な意味を持っています。現在の生活では果たせなかった未来の夢を、会社が終わった後や定年退職後に取り組むことになります。10 は現在の現状であり 11 は未来の夢なのです。

　このような 10 からはみ出した部分を 11 が追求します。そこで現状に対する反抗性というものが、サインの性質として実験的な勢いやテンションの高さとして現れます。また、そこにひねくれた感じも加わるでしょう。

　しかし、それはいまだ到来していない、達成もしていないものであり、つまり確実性というものをそう多くは持っていません。将来こうなるはずなんだといっても、まだ達成していないのだから、それは保障されたものでもないのです。

　11 度はしばしば変わったものや刺激的なものを追及するといったかたちで出ることもあります。サインを 30 度で3分割したところに 11 度はあり、やはり上昇5度の意味を含んでいますから、ジャンプする性質があります。

　加速度がつくため非常に積極的なかたちとなるでしょう。

　もう一つの3分割に当たる 21 度は最大の弱点に侵入されて崩れてしまう 16 度を経験し、乗り超えた先のテンションの高さとなり怖いものがありませんが、11 度は挫折を体験する前の段階ということもあり、少しばかり頭でっかちな雰囲気があります。しかし、サインの純度の高い性質を追及することにはなり、周りのことを考えずに純粋に突っ走る若々しさとともに、純度の高さが特徴で貴重となるでしょう。

11度の持つ純粋なチャレンジ精神は
現状を打破したいという改革的姿勢となって現れる

　サビアンシンボルの考案者のマーク・エドモンド・ジョーンズの後継者に近い位置にいるルディアは5度ずつのグループを、①虫、②羊、③人、すなわち本能的なもの、④文化的知的要素と分けています。1サインの30度の中で5度ずつ虫⇒羊⇒人⇒虫⇒羊⇒人と2回繰り返されます。

　最初の知的な挑戦が11度から15度に当たり、11度は社会実験というかたちになって現れます。純粋化されたチャレンジで、なおかつ反抗性を含み、今まで当たり前と思われているものを覆し改革を起こしたいという姿勢となります。もし、この度数を持っている人やプログレスや遅い天体のトランジットがこの度数を通過する時には、新規実験や今までの現状を打破しようと新しさを打ち出す性質が強調されていきます。

　全体的な状況や対立的なものは意識していないため、単純さが原因でうまくいかなくなることもあるでしょうから、このあたりに注意して取り組むことで、11度の新鮮さは評価されていくでしょう。

　タロットカードでは「力」のカードに対応し、ライオンを抑えている女性のイメージとなります。ライオンを10と考えた時、今まで自然と思っていた流れを覆すという意味もあります。つまり川の流れを逆流させるような意味であり、タロットカードの体系は22枚が総数ですから、その真ん中あたりで、折り返し点という意味も含んでいます。

　もちろん、サインの場合には折り返し点は16度ですから、11度を折り返しとみなすことはできません。数字の意味は、総数によって変わるのです。

プライドや自信の高さが鼻につく場合もあるが
未体験や無知だからこそ革新的な行動を起こせる

　11度の過剰なテンションの高さは、未経験や無知のおかげという面があるので、それに対して批判的になる人がいるかもしれませんが、たいてい何かできる人は、状況に関して知らなかったからこそできたという場合もあるのです。

　その分野に関してあまり詳しくない段階で、改革的に振る舞うことで失敗す

るとは限りません。むしろ、良い意味で純度の高い実験性や意図、知識なども発揮されることがあるのです。

11度と21度は30度の幅を持つサインを3分割したもので、それはホロスコープ全体でいえば、120度のグランドトラインをなすもので、どんどん加速し、リズミカルに飛翔していく性質です。それは妨害物を認識しないというか、素通りすることが多いのです。

そのため11度の性質が無謀な調子の良さを持っているとしても、それは早くも障害物に衝突するとはいえず、むしろ、知らず知らずのうちに落とし穴を避けて走り続ける幸運さを持つことも多いでしょう。

プライドが高いとか、経験に基づかない根拠のない自信を抱いているなどは、どのサインにおいても共通した11度の性質であり、そこには反骨精神や反逆性、皮肉、同情心のなさなども見えてくるかもしれませんが、強い活力はいつまでも消えることはありません。それを評価するべきでしょう。

狭さを感じるとしたら、それは純度の高さに結びつくもので、また障害物を避けることからきているということもあります。複雑なものを配合して推進するような性質ではないのです。

♈ 牡羊座 11 度　The president of the country.
「国の支配者」

　牡羊座の新しい考え方をもって、自分が属している環境に対して革命を起こそうとする行動を表しています。ここでは何も考えずシンプルに純粋な理想を強く押し出しすぎるため、スムーズに改革が進むということはないでしょう。ただ実際にこの度数を持つ人を見てみると、小さなグループの中では自分が王様のような立場となり周りを従わせていることもあります。政治的なものとは妥協の分野ですので、そういうところからするとこの度数の人は理想や理念に走りすぎるところがあるでしょう。

♉ 牡牛座 11 度　A woman sprinkling flowers.
「花に水をやる女」

　自分自身の感覚的な趣味に熱中することで自身の感性を際立ったかたちで発達させます。妥協のなさや贅沢さに向かっていく傾向があります。この強い欲求が生まれることで牡牛座の能力が開発されることになるのです。

♊ 双子座 11 度　A new path of realism in experience.
「体験における現実主義の新たな道」

　自分が今まで知らなかったものに強く興味を向けます。新しい環境や新しいテーマに向かって迷わず飛び込んでいきますが、馴染みのない環境に、馴染みがないからという理由でチャレンジします。

♋ 蟹　座 11 度　A clown making grimaces.
「しかめっ面をするピエロ」

　自分の考えは世の一般的常識とは違うことを、言葉ではなくパロディ的な模倣によってアピールすることを表しています。もともと蟹座は反抗的な性質を持たないため、自分の意思表示をはっきり言葉で言わず、婉曲に、パロディ的な模倣の姿勢で茶化すなどの表現をしていきます。

♌ 獅子座 11 度　Children on a swing in a huge oak tree.
「大きな樫の木にあるブランコに乗る子供達」

自分の中で生まれた創意工夫やアイデアで楽しく遊ぶ子供のような性質を表します。自分で思いついて自分で笑っているようなところがあるでしょう。

♍ 乙女座 11 度　A boy molded in his mother's aspiration for him.
「母親の期待の鋳型にはまる少年」

怖い外の世界に向かうことを止めて、自分が管理できる範囲において完全なコントロール力を発揮しようとします。その管理力に、身近な人は服従するしかなくなる傾向があるでしょう。

♎ 天秤座 11 度　A professor peering over his glasses.
「眼鏡ごしに覗き込んでいる教授」

研究者または知識の伝授ということにおいて優れた能力を発揮します。これは天秤座の対人間的接触の積極的なかたちを表しています。相手と議論するよりも、自分から何かを教えていくスタイルになります。

♏ 蠍　座 11 度　A drowning man rescued.
「救助される溺れた男」

人との深い結びつきによって人生を変えるという始まりのテーマです。ぎりぎりのところで助け合う関係は非常に深い結びつきを作り出すことになります。

♐ 射手座 11 度　The lamp of physical enlightenment at the left temple.

「寺院の左側にある物質的悟りをもたらすランプ」

精神性の高さを追求することを表します。一般に知られない秘密の知識を探求する冒険心と大胆さを発揮することになります。

♑ 山羊座 11 度　A large group of pheasants.

「キジの大きな群」

実験的な社会集団の構築の試みを表します。少数の優れた人達を集め、少数精鋭の組織を作り出します。

♒ 水瓶座 11 度　Man tete-a-tete with his inspiration.

「自分のひらめきと向き合う男」

自分自身のひらめきを通じて真実の知恵を開発しようとします。その時に、一般的な常識や書物はあてにならないことを十分に理解しています。

♓ 魚　座 11 度　Men seeking illumination

「光を探している男達」

より大きな世界に向けて突破口を探そうとする姿勢を表します。究極のものを求めてすべてを犠牲にしても飛び込む決意で行動するでしょう。

II　度数の意味

12度 （11.00度〜11.99度）

【未知の探求】

未知のものを発掘してくる12度の力で まずは素材を引き出してくる

　12の数字は足すと3です。3は生産性や運動の性質を表しますが、12は偶数のため内向きとなります。これは新しい生産性を内面的な模索を借りて、外界の未知の領域から引き出してくる性質です。

　特にサインの12度の場合、今まで知らなかった未知のものを発掘する能力が非常に優れています。11度は今までと異なる新しいものを開発したいという衝動が強く働きました。その結果、引き起こされたのが12度の探求力と考えるとよいでしょう。

　タロットカードの12番目のカードである「吊られた男」では、その名の通り逆さまに吊られた男の姿が描かれています。これは閉じ込められた状況や身動きの取れない状況、あるいは状況の逆転性・転倒した異常な立場、そのような中で探求し開発する意味を持ちます。すぐに使えるものというより、まずは素材を引き出すのです。

　またこの度数は、30度という範囲の中では、黄金比率に関係していました。数字の12そのものにはそのような意味はないのですが、空間的な数字として、その意義が加わってきます。それは自然界の中に埋め込まれた秩序や天然の美、素材がそのまま大きく発展していくことです。

　この度数を持った人は、しばしば直感的で、頭ではわかっていないのに本能的に行動して、素晴らしい結果を引き出すことが多いようです。

　身体の中では、身長に対してへその位置が黄金比率だといわれています。へそで動くというと、妙な表現かもしれませんが、頭で動かず、へそで動くのです。

どんな兆しもかたちから発露すると考え
かたちからアイデアを探し出すこともある

　常にそうした未開拓なものを引っ張り出そうとするため、通りいっぺんの行動や今までのありきたりなことを繰り返すことは好みません。また、吊られた男と同じように、ある程度異常な状態に置かれることも多いでしょう。

　例えば、天秤座の12度は、資料を探索することにかけて天才的ですが、集中しすぎて体を壊すという意味も背後に隠れています。つまりシンボルとして炭鉱の中を意味しますが、それは空気が薄く、汚染されやすい場に潜入するのです。

　占星術のサインも、また年の中の月の数も12です。これは円の中に、三角形と四角形を組み込むことのできる合理的なかたちです。つまり、意識の性質を空間的なかたちに反映させることができるのですが、反対に考えると、空間的なものに意識が閉じ込められやすいという傾向にもなります。

　どんな兆候もかたちの中に現れると考える癖を持つことになります。

　あるいはかたちからアイデアを発見することもあります。三角形は生産性。四角形は着地でした。つまりこの掛け合わせは、生産性を着地させるということです。

　空を飛んでいるものを大地に落とし込む。未知の発見は、発見したという行為のものが、言葉とか知識に落とし込んできたということにもなります。

誰もが気にせず素通りしてしまうような中から
優れたものや宝物を発掘してくる

　通常の社会生活の中では決して見出すことのできないものを、この12度の度数の人はたくさん持っています。それは発見したり、発掘したり、また人が知らないことを開拓したりする能力として優れていますが、否定的な面としては、ありきたりのことに迎合しないで、適応能力が弱まってしまう面があるということです。

　例えば、アメリカでは、会社の社長は変人であることが能力の証であると思われる傾向があるそうです。アップルコンピューターの創始者であるスティーヴン・ジョブスは社内を裸足で歩き、また高価な服を着ないで、重要な会議でも

Tシャツとジーパンで出入りしていたそうです。そして無理な要求をし、自分のわがままな要求が、あたかも必要であることかのように社員に思わせる技能に優れていたといいます。

　こうした突出した、少し脱線した性質は、12度の人には少なからずあるでしょう。もちろんカリスマ的な要素は次の13度の方がはるかに尖ったかたちで発揮されますが、12度はその前に、まず潜在的な可能性や誰も気がつかないことに目をつけて、誰もが通り過ぎるようなものの中から重要なものを発見するのです。そのため、やはり迎合しないのです。

　他の人は、この12度の天体を持つ人を見たら、管理するよりも放置するようにしましょう。そうすれば、この人は宝物を見つけ出してきます。逆に管理したり、型にはめたりすると、この人の大切な力を根こそぎ抑圧する結果になることに注意しましょう。学校の勉強でも、カリキュラムで決められたことを守らないかもしれませんが、そして異なるものに関心を抱くという脱線をするかもしれませんが、後々を考えると、その方が貴重です。

　合計すると創造性の3の数字になるが、しかし12そのものは偶数であるということを考えると、表向きはおとなしく、自分の意見を言わず、ちょっと自閉的になる傾向のある人も出てきます。つまり創造的であるにもかかわらず、行動面では受動的な偶数の性質です。そのため、ぱっと見た目で何か新しいことをしていることがわからないこともあります。ぼうっとしているように見えるかもしれませんが、実際には、内面的に活発なのです。注意深く観察してみると、そういう個性が見えてくるでしょう。

　いずれにしても、放任しておくことで一番高い能力を発揮することがわかってきます。まったくのところ、訓練を受けつけない人が多数いるので、つき合うにはある程度の忍耐力が必要である場合もあります。

♈ 牡羊座 12 度　A flock of wild geese.
「野生のカモの群れ」

　自然の中にある黄金数的な秩序を体現します。探求し発見するのではなく、その人の生き方そのものが教育を受けつけないものとして、自然なままに動いていくことで最も良い能力を発揮します。この度数を持つ人は指導を受けませんから、あまり干渉しすぎてはならないと考えるとよいでしょう。

♉ 牡牛座 12 度　Window-shoppers.
「ウインドウショッピングをする人々」

　良い商品や品物を街の中で見つけることを表します。掘り出しものを発掘する能力と考えてもよいでしょう。

♊ 双子座 12 度　A Topsy saucily asserting herself.
「生意気に自己主張する少女トプシー
（『アンクル・トムの小屋』に出てくる黒人少女）」

　この人そのものが共同体から見て未知の存在になることが多いでしょう。保守的な人々に従わない反抗的な性質を表します。また心の中にある反抗心がむくむくと頭をもたげてきます。

♋ 蟹　座 12 度　A Chinese woman nursing a baby with a message.
「メッセージを持った赤ん坊をあやす中国人の女」

　新たに生まれてくる可能性を育成したいという思いを表します。しかし他の人はまだ誰も見ていない可能性です。蟹座のサインは育てることに関わります。

♌ 獅子座 12 度　An evening lawn party.
「宵の芝パーティー」

楽しいアイデアや会話、人を感動させる表現など、そのようなクリエイティビティを人の前で披露することを意味します。ここでは優れた創造性を発揮することになります。今までなかったユーモアや他の人が言わなかったことを表現したい気持ちなどを考えるとよいでしょう。

♍ 乙女座 12 度　A bride with her veil snatched away.
「ベールを外された花嫁」

科学者の新発見などに関わりやすい度数です。自然界の未知の法則を探し、また、いかなる未知なものがあってはならないといった野望に取り憑かれています。どんなものも解明しなくては気がすまないのです。

♎ 天秤座 12 度　Miners emerging from a mine.
「鉱山から出てくる炭坑夫」

知識の開拓を意味します。資料や本を探す能力など、知識的探求力を表します。

♏ 蠍　座 12 度　An embassy ball.
「大使館の舞踏会」

新しいツテを見つけ出すことで人生を前進させたい気持ちを表します。そのためには良い人材を発掘し、その人と結びつく働きかけをすることになるでしょう。

♐ 射手座 12 度　A flag that turns into an eagle that crows.
「ときの声を上げるタカに変化する旗」

　無意識の領域から知識を引き出すことを表しています。知識はそのまま行動意欲へと変換されます。つまり、何か発見すると、それは新しい運動をすることになります。

♑ 山羊座 12 度　A student of nature lecturing.
「講義をする自然の学徒」

　多くの人がまだ知らない未知の知識を研究する姿勢を表します。それは、まだ多くの人には公開してはならず、ごく少数の人達だけで理解できるような種類のものだといえるでしょう。

♒ 水瓶座 12 度　People on stairs graduated upward.
「上へと順に並ぶ階段の上の人々」

　精神的な発達度で人の可能性を探っていくことを表します。山羊座は社会的な立場やステイタスで判断するのに対し、水瓶座は見えない部分の能力や精神的グレードで人間の可能性を発掘することになります。

♓ 魚　座 12 度　An examination of initiates.
「新参者達の試験」

　自分がより発達するために、どこかに入門することを表します。その際に資質を洗いざらい調べられることになります。自分でもわかっていない力が明らかにされることで、新たに開発されるものがあるでしょう。自分が未知なものを探るのではなく、他人に自分を探られるという意味も持つのです。

13 度（12.00度〜12.99度）

The meaning of the degrees 　【カリスマ性】

13は不吉な数字ではなく
抜きん出た能力を表す

　タロットカードでは13では「死に神」が描かれています。死に神の鎌は地上にあるものを刈り取る絵柄です。地面を鎌で刈ることは、物質的なものを整理する性質となります。

　古代において13の数字は不吉な意味を持っていませんでした。むしろ、突出した神聖なものでした。普通に生活している場合、私達はホメオスタシス的共鳴によって、一緒にいる人々と共鳴してしまうため自分だけ突出することはできません。

　しかし、13の数字では周辺から孤立し、共鳴作用も働かなくなり、抜きん出た能力を発揮することとなります。13の度数には死に神のカードの意味が含まれるため、地上で継続している出来事を死に神は停止させます。刈り取ることで、終わらせる意味を持つのです。つまり、今までのことを終わらせることとともに、カリスマ的な要素を持つこととなります。

　それぞれのサインの13度は、優れた能力や特別に与えられた力や超自然的なものを表します。それと引き代えに、周りの人々に合わせることができず孤立することも意味します。

　円満で平和的な馴れ合いの関係は、この度数では成り立ちにくい傾向があるでしょう。そのため、やや過激な人、あるいはおおいに過激な人が増加します。

サインの特徴と最も突出した性質を考えれば
13度が表すものが見えてくる

　グレゴリオ暦の何月何日と、占星術の何座の何度は、基本構造は同じです。

つまり、13はグレゴリオ暦では13日生まれとなり、13日生まれは昔から破壊的といわれますが、この破壊的というのは結局のところ流れを止めてしまうといった意味からきています。

新しいものや優れたものを持ち出すことは、言い方を代えると、流れを止めることが必然的に起こるということです。流れを止めることがメインなのではなく、突出した優れたものを出すことによって、一時的に流れが止まってしまうと考えるとよいでしょう。

ずっと同じ繰り返しの機械が止まり、新しいものが導入されるのです。カルロス・カスタネダの『ドン・ファンシリーズ』の本では、世界を止めるという言い方になっています。

それぞれのサインの性質は、四元素と三区分の掛け合わせから推理できます。そのサインの特質において13度は突出することになります。

例えば、知性が突出している場合は双子座の13度で、見えないものや神秘的領域においての突出した力は魚座の13度と解釈できます。実務の領域では乙女座です。

まず、サインの特徴を考え、そのサインの最も突出した性質は何かを考えることで、そのサインの13度が表すものが見えてきます。和気藹々(わきあいあい)とした日常的なものを壊したがる傾向が出ますが、口に出す人もいれば、それを内心で思っても口には出さない人もいます。

また孤立的ということは、人から嫌われたり非難されたりしても、それはあまり気にしないということもいえるでしょう。

新しいものを持ち出すと、それが良いものであっても、今までと違うということだけで、多くの人は批判・非難するものなのです。ですから、その批判を気にしていると何もできないのです。これは13の数字の人の趣旨には合いません。経験的に、人から何か文句を言われても、それには迎合しないという癖がつくのです。

占星術のサインの度数は、すべて基準点は相対的です。つまり、突出したものを指したとしても、全人類的に突出しているという場合もあれば、少人数の仲間の中で突出しているということもあるでしょう。構造を表しても、絶対値を表しているわけではないことを考慮に入れる必要があります。

サインの特徴と最も突出した性質を考えれば
13度が表すものが見えてくる

　空間的な数字としての13の意義についてつけ加えておきます。円を12分割するホロスコープは、そこに四角形と三角形がきれいに収まります。

　着地の4と飛翔の3は意識の作用の基本的なものです。それが空間的な作用と結びつくと、目に見えるものに意識の作用がうまく溶け込みます。反面、これは意識が働く時、常に空間的なものを意識することになり、やがては物質主義になります。

　今日の物質主義的な傾向の原因の一つは、12の数理をカレンダーなどに活用したことも原因です。タロットカードの死に神のカードは、刃物としての鎌を地上に向け、地上のさまざまな生産物を切り刻んでいますが、これは精神の作用が物質に深く入り込んでいるのを切り離しているとみなしてもよいでしょう。

　13の数字は、円の中に幾何図形として配置した時には、左右上下が均等になりません。不規則な描き方になり、これは空間的に収まりが悪いということになります。つまり物質的な生活の中、身体に意識がうまく適合できなくて、浮いてしまうのです。この意識が物質や肉体から浮いてしまうということを、あるいは浮かなくても収まりがよくないという現象が、古い時代には当たり前だったのかもしれませんが、現代ではむしろ奇異なことに思われます。

　今日では肉体と意識は共に同じものだとみなされていますから、意識を大切にするということは肉体を大切にするということと同義語にさえなっていますが、古い時代の日本では、死んだ人はそのまま放置されていた時代もあります。それはたんに乗り物にすぎないと考えていたからです。

　このような意味で13は、肉体と意識を分離します。そして死に神のカードのように、肉体的、物質的、地上的なものに対して粛清・縮小効果を発揮するということになります。

　13度の天体を持つ人は、その天体が表す意味、またハウスなどに、しばしば天才的な能力を発揮します。その引き換えに適応能力を奪われます。周囲に合わせず、徹底して自分の力を発揮するとよいでしょう。

♈ 牡羊座 13 度　An unsuccessful bomb explosion.
「成功しなかった爆弾の爆破」

斬新な革命的思想を持っている人を表します。妥協のない性質と環境を敵対物とみなすことが多いため、新しいアイデアや行動を起こしても環境にうまく溶け込まないことがあるでしょう。ただ、それは時間の問題なので、諦めずにゆっくりと浸透していきます。

♉ 牡牛座 13 度　A man handling baggage.
「荷物を運ぶ男」

お金に関してのやりくりを工夫するうちに、他の人が思いつかないような脱出口や突破口を見つけ出すことを表します。お金に関しての奇跡を呼ぶこともあるでしょう。ただし興味がない人はここで脱落します。

♊ 双子座 13 度　A great musician at his piano.
「ピアノを目の前にした偉大な音楽家」

知性においての鋭い能力を表します。1人で孤立しても、自分の発見や考えを周囲に迎合せず押し出すこととなります。

♋ 蟹　座 13 度　One hand slightly flexed with a very prominent thumb.
「とても目立つ親指で少し曲げられた一つの手」

自分が確信していることについて、絶対に曲げないところがあります。うまく他の人に伝わらないことがあり誰にも言わず1人で固く閉じこもってしまう傾向もあるでしょう。

♌ 獅子座 13 度　An old sea captain rocking.
「揺れている年を取った船長」

創作的アイデアを生み出すことを表します。他の人が思いつかないアイデアや創造的な霊感のようなものが出てきやすいでしょう。ストーリーテラーなど、小説を書くような創作能力を発揮することになります。

♍ 乙女座 13 度　A strong hand supplanting political hysteria.
「政治運動を制圧する強い手」

強力な管理力を表します。カリスマ的な指導力を発揮するでしょう。鎮圧する能力は取り込むという方向にではなく、余分なものを切り離すことで発揮される傾向となります。乙女座の場合、排他機能があるため結果的にそうなるのです。

♎ 天秤座 13 度　Children blowing soap bubbles.
「しゃぼん玉をふくらませている子供達」

斬新な意見やアイデアをたくさん生み出します。頭の回転が早く、一つのことをじっくり深めるよりも興味を向けたことを同時並行で取り組むことが多くなります。

♏ 蠍　座 13 度　An inventor experimenting.
「実験をしている発明家」

人脈と人脈を組み合わせることによって、驚くことができるといった能力を表します。人を掛け合わせることで、奇跡的なものを作り出すことになります。1 人でやるという意味はなく、人とのネットワークや組み合わせによって、新しいものを作り出すことになるでしょう。

♐ 射手座13度　A widow's past brought to light.
「明るみに出る未亡人の過去」

今まで知られている常識を裏切るような、あっと驚く真実を発見することを意味します。特に歴史や宇宙の謎について解明する力を表し、非常に冴えた能力です。

♑ 山羊座13度　A fire worshiper.
「火の崇拝者」

根本的な集中力や人間の根源的な創造力、驚くべき力を発揮することを表します。一般社会に開かれていないため、小グループの中で発揮されることが多いでしょう。

♒ 水瓶座13度　A barometer.
「バロメーター」

世の中の動きを見通す鋭さを表します。他の人は全く気づかない、目のつけどころが違うといった感じがあります。状況分析や全体の動き、なぜそのようなことが起こるかを正確に理解し把握する力を持ちます。

♓ 魚　座13度　An sword in a museum.
「博物館にある刀」

神秘的なもの、見えないスピリチュアルなものにおいて代表者ということを表します。特別に選ばれた人間ということもあるでしょう。

14度 （13.00度～13.99度）

【特異なものを日常的に浸透させる】

14は5の系統に属するが
偶数のために内部に対しての創造となる

　14の数字は1と4を足して5になります。5の数字は子供を生む、創り出すという意味を持ちます。それが14の場合、偶数であるため、外に飛び出さずに内部的に子供を生むことになります。そのため、14の数字は自己生殖を表す数字と考えられています。

　タロットでは「節制」のカードで、天使が上のカップから下のカップへ液体を入れ替えている絵柄です。上は太陽の器で下は月の器と考えると、カバラの生命の樹のパスに対応します。つまり、生命の樹では、胸の太陽の部分から腰の月の部分への受け渡しということになるのです。

　精神的なものやより高次なものが、具体的なイメージに落とし込まれてかたちになるということを表します。上から下に落ちてかたちになるのです。

　目的意識が具体化する過程ですが、それは外に対して働きかけるのではなく、自分自身がそのように内部的に変化していくことが重要です。

　理想のイメージに向けて、自分が改造されていくのです。

　サインの14度も同じような意味を持つでしょう。13度では尖ったカリスマ的性質を発揮し、孤立してでも自分の方針を貫きますが、その尖りすぎた性質が14度では落ち着き、着地したかたちで具体的な生活の中で日常化することになるのです。

　14の度数を持つ人は、尖っていることはないでしょう。そもそも偶数ということもあり、自分自身の中での変化はあっても外に強くアピールすることはあまりありません。例えば、乙女座の13度はカリスマ的な指導的人物を表しますが、その影響が14度ではその血筋を引くものまたは家系の中に振りまかれることとなります。

突出したものが脱力していくプロセスでもあり
ゆっくりとした時間の流れが求められる

　太陽から月への伝達は、1年は12ヵ月あり、1ヵ月は30日ですから、太陽を1月と考えた時、月は30日に分割され、一つのエネルギーが30種類に分割されることを表します。1年という単位であれば、それは12個に分割されます。

　下に降ろすことは次元が落ちることですから、それは数が増えることを意味し、数は増えれば増えるほど一つひとつの突出した特質は薄まり、眠りが深くなり、幅広い範囲に影響が広がっていきます。

　カリスマ的で強力な人物、例えば、徳川家康や織田信長や豊臣秀吉などといったたった1人の人物の力が血筋の中に振りまかれた時、多数の子孫に分散されていきます。

　一人ひとりは能動的な実力も持っていません。そのような激しく鋭い力を一般化し安定化させる作用が14度にはあるのです。

　13度の孤立した極端な力と日常生活の繰り返し要素との中間媒体のような役割を持つことにもなるでしょう。

　突出したものが脱力していくプロセスでもあります。

　ハイスピードな動きはないため、のんびりした雰囲気を伴うでしょう。つまり、意図の実現にためにはそれなりに時間の経過が必要なのです。

　節制のカードの、上の太陽のカップから下の月のカップに液体が流れるシーンは、まるでコーヒーメーカーからコーヒーが1滴1滴抽出されるようなものとか、あるいは砂時計のようにゆっくりしたイメージです。

完全に浄化された後に新たな要素を作り出す14度
人為的な力ではなく自然の流れに任せることが必要

　13度の性質はまだ地上にはなかった新しい要素を持っているといえます。この力は、そのままでは孤立し、また古い環境との闘争に入りますから、かなり棘のたった状況になりやすいのです。

　14度は、この尖った13度の性質を中和し、古い環境に溶け込ませることになります。タロットカードの13の「死に神」のカードは、地上を粛清していまし

たが、粛清して浄化された地上に、新しい要素を盛り込んでいくのが 14 度と考えてもよいでしょう。

　14 を示す節制のカードは、一つの器から新しい器に液体が移動しています。日本の創世神話では、イザナミとイザナギが国産みをする時に、オノゴロ島は、垂れたしずくが固まって作られました。

　流動的な液体は、下に落ちると固まります。節制のカードの段階では、より大きなサイクルのものが下のサイクルに伝達されます。1 は 12 個に。そのまた一つは、30 個になります。

　下にいくほどに硬化し、それぞれの部品は閉鎖的で、他の同類と交流がなく、また互いに仲が悪くなりますが、そのようにして下の次元に上位の力は伝わっていくのです。反対に、下にあるものは上に上がることはできないのですが、それは下にあるものがそれぞれの価値観に固まってしまうために、上位のものを理解することができなくなるためです。上にあるものは柔らかく、下にあるものは硬いと考えるとよいのです。ゆっくりと時間をかけて、だんだんと固まっていくもの。そして着地し物質化していくプロセスと考えてもよいでしょう。

　特に 14 の数字は自己生殖ですから、自分の理想とする姿を具体化していくことにゆっくりと時間をかけます。あらゆるサインの 14 度は、わりにのんびりじっくりと進んでいく性質があり、他の人から見ると、あまりにものんびりしているように見えますが、影響をこぼすことなく、効率的にかたちにしていくのです。

　じっと待っていれば、流動的なものは硬化して確実なものになっていきます。節制のカードは天使を描いています。これは人為的に早めたりできない、自然界のリズムに従うことを表します。14 度の人に急がせても無理だといえるでしょう。

♈ 牡羊座 14 度　A serpent coiling near a man and a woman.
「男と女のそばでとぐろを巻くヘビ」

　自分の無意識化された半身の部分とは決して縁を切ることができない状況を示します。否定するべきものと自分を切り離すことができないのは、それが自分の半身だからです。

♉ 牡牛座 14 度　Shellfish groping and children playing.
「模索している貝殻と遊んでいる子供達」

　金銭的なものや生活においては、その人なりの範囲があり、適切なものは継続することができるのです。人と比較はできません。

♊ 双子座 14 度　A conversation by telepathy.
「テレパシーでの会話」

　あまりに知的で優れたものは他の人には理解できないことが多いのですが、それらが少数の人々の間で理解されていくことを表します。相手の心を知る、自分の心を理解してもらう、そのような努力によって、意思がだんだんと伝わっていくことになります。

♋ 蟹　座 14 度　A very old man facing a vast dark space to the northeast.
「北東の大きな暗い空間に向いているとても年を取った男」

　自分の閉鎖的な決意や意思が、生活のすみずみにまで浸透して、孤立的であるが、深みのある生き方ができます。

♌ 獅子座 14 度　A human soul awaiting opportunity for expression.
「表現の機会を待つ人間の魂」

創造意思や生み出したい欲求が実際に具体的な表現の場を手に入れることを表します。落としどころが見つかり、落ち着いた活動が展開されます。物書きや音楽家、演劇、お笑いなどいろいろです。

♍ 乙女座 14 度　A family tree.
「家系図」

強烈な指導的カリスマ性を持った人物が、身近な人や子孫に自分の影響力を染み込ませ浸透させることを表します。派閥を作るという意味もあります。

♎ 天秤座 14 度　A noon siesta.
「正午の昼寝」

無意識の領域にまで自分の意図を浸透させることを表します。そうすることによって発見が生まれ、研究や探求の成果を上げることになるのです。

♏ 蠍　座 14 度　Telephone linemen at work.
「仕事をしている電話接続士」

自分の意図にとってふさわしい人脈や対人関係が形成され、必要なものとそうでないものがはっきりと区別されることを表します。不要なものはいつの間にか消えていくのです。

♐ 射手座 14 度　The Pyramids and the Sphinx.
「ピラミッドとスフィンクス」

　言葉は異なっても法則としては共通なものを見出すことで、異質に見えていたものが、実は親しみあるものに変わっていくという意味を持ちます。古代の意思や異なる文明の意思が現代的に翻訳されるケースも。

♑ 山羊座 14 度　An ancient bas-relief carved in granite.
「花崗岩に刻まれた古代の浮き彫り」

　自分自身の探究心や集中力によって開発してきたものが、自分だけのものではなく、大昔から同じような意図で探求されてきていたことを発見することになります。自分のしていることが特殊なことではない、1人だけでがんばっているわけでないという安心感、またそれによって客観性を得ることを表しています。

♒ 水瓶座 14 度　A train entering a tunnel.
「トンネルに入る列車」

　重要なものだけを実践することは、本質的なものを日常化することです。生活の中でショートカットを実践するのです。いち早く目的を達成しようとします。それは水瓶座の本性の日常化です。生活性を除去する場合も。

♓ 魚　座 14 度　A lady in fox fur.
「キツネ皮をまとった女性」

　代表的なものを持ちつつ、目立たないような境遇に自分を置き、自分の本性を隠した状態でうまく力を出していくことを表します。能ある鷹は爪を隠すといったイメージがここにはありますが小ずるさとして発揮されることも。タヌキでなくキツネになるのです。

*15*度（14.00度～14.99度）

The meaning of the degrees 【力のピークと押しつけ力】

呼べば応えるレスポンスが15度
自分の確信を外界に押し出していく性質

　15の数字は1と5を足して6となります。6は要求に応えること、レスポンスを表し、15は奇数ということでそれが逆転します。そのため、自分が何かを要求したら、相手は応えるはずだということになります。

　呼べば応えるというレスポンスが六角形、15はそれを能動的に働きかける側として使っていくことになります。

　タロットカードで15は「悪魔」のカードです。上にいる悪魔の下に手下が2人いる絵柄で、悪魔が何かを命令すると手下の2人が従う構図となります。悪魔のカード自体は必ずしも悪い意味ではありません。自分の確信があるものを外に押し広げる力を意味し、それに対する受け皿が存在することを表します。

　14では自己生殖で、目的それ自身が自分自身を変えて自分がその目的にフィットした存在になっていくことを表していましたが、15ではこれが自分に対しては成功したので、今度は外界に押し進めていくと考えるとよいでしょう。

　サイン15度の場合も悪魔のカードと同じように、自分の意思を外界に押しつけて勢力拡大することとなります。受容する側ではなく、外界に押しつけます。

　基本は六角形の能動型、つまり環境に対して自分を押しつけるというと悪いイメージを抱く人はいるかもしれませんが、もちろん、押しつける人がいる一方、それを押しつけられることが好きな人がいるということです。必ずしも一方的ということはなく、関係性においてフィットするものが現れるのです。

　押しつけてほしい人や言われたいと思っている人はたくさんいることからも、この度数が特にバランスが悪いことにはならないでしょう。ただし、柔軟サインはもともと相手や状況に合わせる性質を持つため、自分が押し出そうと思っても周りに受けつける体制がなければ、すぐに引っ込めてしまいます。

それに対して、固定サインでは、徹底した押し出しで一切の妥協がなく、非常に強力な推進力となります。活動サインも受身に周ることはないでしょう。このようにサインのクオリティによる違いを考慮することが大切になります。

固定サインの15度はピークを表し
その人がどこまで行けるかのぎりぎりのラインを示す

　この中で、特別な価値が与えられているのは固定サインの15度です。これは牡牛座の土の固定サイン、獅子座の火の固定サイン、蠍座の水の固定サイン、水瓶座の風の固定サインと四つあります。
　それぞれの15度は四元素のピーク点を表します。聖書の黙示録の四つの獣に相応し、四元素のピーク点ということになります。
　限界点はそこから異なる次元へつながることを意味するため、ある種の異次元との接点です。そこに膨大なエネルギーが流れ込むのです。そのため、固定サインの15度は特別視した方がよいでしょう。
　例えば、固定サインの15度にプログレスの太陽が通過する時などは、その人のその元素においてのピーク・限界に到達します。土のサインの15度の牡牛座では、ビジネスやお金儲けの頂点へ向かいます。もし、15度のピークを経験しているにも関わらずそこそこで止まっている人は、本人からするとそれが能力の限界を示しています。固定サインの15度のピーク点・限界点において、その人がどこまで行けるかというぎりぎりのラインが判明します。ただ、その人が物欲に対して多くを求めていなかったということもあるでしょう。ピーク点は人により違うのです。
　15度は、その人が取り決めをした限界点に到達するのです。
　15度の度数を持っている人は、外に自分を押し出す性質が特徴ですから、それを自覚しましょう。柔軟サインは相手に合わせ様子をみながらゆっくりと押し出すことになります。

サインのピークを迎え
15度以降は全く違う方向性へと進む

　サインの幅は30度あります。そのため、ちょうど真ん中の折り返し点は

15.00度になります。これを境にして、前半と後半は全く方向性が逆転します。これは新月から満月、満月から次の新月までの流れと似ています。

スタートから15.00度直前までは、そのサインの力を獲得することに向かいます。そのため、その所有という点ではピークに達するのが、数え度数15度だと考えるとよいでしょう。それはサインの意味において欲張りで、あらゆるものを手に入れようとすることに等しいのです。

この所有が限界に達した後、もう目標を達成したのだから、今度はそのサインから少し離れて、サインを客観視するような姿勢が後半で生まれます。数え度数の16度では信念体系の崩壊が生じますが、これは次に説明します。

15度においては、16度とは反対に、これまで持っていたものに自信を持ち、また過剰さがあり、この過剰さを外界に、知っている人に、環境に、従うものに押しつけようとすることになるのです。もともと合計すると1と5を足して6になり、それは敏感な反応性ですから、相手の受け入れ態勢次第で可変します。

相手がより大きく受け取る場合には、より強気に過剰に。また相手がそこまで受容性がない場合には、小出しに出していくことになります。

柔軟のサインである双子座、乙女座、射手座、魚座では、15度がそう積極的でないし、また相手のことに気を遣いすぎているように見えるのは、そもそも柔軟サインが調整する性質を持っており、自分の置かれた状況とか、また相手の都合などに注意深いからに他なりません。しかしそのように気を遣う、気を遣わないにしても、この15度はサインの力を獲得することにおいて、ピーク点に達したのですが、そこには豊かさがあり、人に与えることのできるくらいの大きなものを持っていることになるのです。

私個人は太陽の進行度数が牡牛座の15度に達した時、これまで考えられなかったような収入になりました。それでも、多くの実業家などに比較すると、少ないものですが、しかしもともと収入に関心がなかったのですから、そこからすると驚くようなものでした。その後、少しずつ減っていきましたが、おそらく一生の間で、金銭収入に関してはピークに達したと思います。多くの人はこのようにピークに達すると、その後それを継続するように努力すると思います。私個人の場合には、これを放置していましたから、また少しずつ減っていくことになりました。後で惜しいと思うのならば、継続することに努力した方がよいでしょう。

♈ 牡羊座 15 度　An Indian weaving a blanket.
「毛布を編むインディアン」

自分の勢力を広げるためのネットワークや人脈を着々と作っていきます。できる限りじっくり取り組む姿勢が、一見、牡羊座に見えないところもあります。

♉ 牡牛座 15 度　A man muffled, with a rakish silk hat.
「マフラーと粋なシルクハットを身に着けた男」

土の元素のピーク点を表します。ビジネス展開やお金・財産などが頂点に。この度数を持っているにも関わらず自分は頂点にいないという場合、可能性はまだ活用されきっていないのです。

♊ 双子座 15 度　Two Dutch children talking.
「会話をしている2人のオランダの子供」

相手の態度を確認しながら自分の意見を出していくことになります。さまざまな考えがあるという結論に至り、自分の意見を押し通さないことも多々あります。

♋ 蟹　座 15 度　A group of people who have overeaten and enjoyed it.
「食べ過ぎ食を楽しんだグループの人々」

さまざまな欲求を通すことにおいて大胆です。悪くいえば、恥も外聞もなく追求する姿勢となるでしょう。リミッターが外れた状態。

♌ 獅子座 15 度　A pageant.
「山車」

火の元素のピーク点です。スター的な頂点を表し、最も目立つ場所に自分が到達することを夢に見るようになります。お祭りの頂点や芸能でのピーク。

♍ 乙女座 15 度　An ornamental handkerchief.
「装飾されたハンカチーフ」

柔軟サインということもあり、外に出てしまうと自分の人格が汚されるような気分になります。そのため、奥ゆかしく外に出ないままでいるような性質があるでしょう。外に自己主張しないところで、ある種の頑固さが。つまり、裏返ったかたちでの押しつけの強さです。上品さや純粋さ、血筋的な優良性を押し出します。

♎ 天秤座 15 度　Circular paths.
「環状の道」

規則的な生活の中、昼と夜、意識と無意識の循環、そのようなものを利用して限界を超えて研究や知識の探求を行った結果、大きな成果を得ます。規則的で地味な生活の中で生かすからこそ、成果としては非常に強力なものがあるのです。

♏ 蠍　座 15 度　Children playing around five mounds of sand.
「五つの砂山の周りで遊ぶ子供達」

水の元素のピーク点で、権力の頂点を表します。部下に対して絶対的権力を持ち、人脈の山の頂点に位置。範囲は人それぞれです。

♐ 射手座 15 度　The ground hog looking for its shadow.
「自分の影を探すグランドホッグ」

柔軟サインのため、自分の出番ではない時はおとなしく、出番が来ると自分の精神性や思想性を発表。

♑ 山羊座 15 度　Many toys in the children's ward of a hospital.
「病院の子供病棟にあるたくさんのおもちゃ」

新しい教育方針や世直し的な発想を強く押し出します。教育革命のようなかたちが多いでしょう。

♒ 水瓶座 15 度　Two lovebirds sitting on a fence.
「フェンスの上に留まっている2羽のラブバード」

固定サインで風の元素のピーク点です。未来のビジョンをこの世界に持ち込むことを表します。一見、押しつけているようには見えませんが、有利な立場からメッセージを発信し、下の人達が従う状態は悪魔のカードの構図そのものです。

♓ 魚　座 15 度　An officer preparing to drill his men.
「部下の訓練を準備している将校」

自分が体験したことをみんなに体験して欲しいとお膳立てをする一方で、人に伝えることにある種の諦めのような感情を持っていることが多いでしょう。それは、全く同じ体験をしない限り理解することはできないことをわかっているからです。

II 度数の意味

141

16 度 (15.00度〜15.99度)

【殻が打ち破られる】

15度でサインが追求していったものが頂点となり
16度では方向転換が始まる

　16の数字は1と6を足して7となります。7は落差のあるものに向かって進む推進力を意味します。水が上から下に落ちるように、一方向に向けてエネルギーが流れる状態です。

　また、7の法則そのものが、宇宙原理を指しているといわれます。16の数字は偶数のため、外に飛び出す7の数字が自分の内側に向かっていく意味を指します。これは、ある種の自己崩壊のようなイメージを持っています。

　それがタロットカードでは「塔」として描かれ、カミナリが塔に向かっていき、塔が壊れる絵柄です。そのカミナリが7の強い推進力を表し、固い壁が崩壊します。占いでこの塔のカードが出た時に不吉なイメージを持つ人がいるかもしれませんが、たいていの場合、そうではありません。多くは壁を打ち破り、限界を突破することにつながります。

　固い殻が破れることで、開放され自由になる状態が待っているのです。閉じ込められている人が外に飛び出せるきっかけとなり、悪い意味にはならないでしょう。

　サインの度数が16の場合、各サインがそれまで追求していたものが15度でいったん限界まで行くことで、方向転換が起こります。ちょうど16度は15.00度〜15.99度でサイン30度のど真ん中の一番折れやすいところです。

　棒を折る時などで、端を折るよりも真ん中が一番折れやすいことを考えてみるとよいでしょう。この場所で今までの姿勢に逆転現象が起き、経験的にはサインの性質の反対のものが現れます。つまり、反対のサインの影響が侵入してくる場所となり、牡羊座に対しては天秤座が入り込み、牡牛座に対しては蠍座が入り込む場所と考えます。

　積極的な牡羊座が積極性を失ったり、自分が持っている資質で満足するべき

牡牛座が外部に期待するようになったり、個人的好奇心で生きていた双子座が外に対するプロパガンダをし始めるようになったり、共感力によって集団的な心の場に生きてきた蟹座が実社会での実績を生む願望を持ち始めたりするなど、それぞれのサインらしくないものがこの16度で芽生えることになります。

すべての度数の中で最もわかりにくくまた最も矛盾しているように見える

　これは満月と関連させることもできるでしょう。それまで願望実現しようとがんばっていた人が、達成したことでその後の目標を失います。手にするためにがんばっていたのに、手に入れてしまうと張り合いがなくなり空白状態が起こるのです。

　このように満月では、手に入れることと同時に空白となることが同時に起こります。満月はちょうど180度側に月と太陽が位置することを表し、円の真ん中においての崩壊現象を表します。

　この16度での落ち込みを、20度までに上手に克服することで、サインは強力なものとなります。

　サインの力を鍛えるために反対のものがぶつかってきたと考えるとよいでしょう。それまでの体勢にいったん破綻が生じますが、むしろ進化のための影響の侵入です。

　塔が壊れる現象が起きることから、不安定にはなりやすくなります。しかし、不安定なものに慣れているともいえるでしょう。

　天秤座の場合、対人関係の中で牡羊座が侵入します。公平につき合いたい天秤座に自分だけ構ってほしい牡羊座が近づくと、基準点がわからなくなってきます。人と人との関係においてこのような状態を体験した人は、今後どのような人にも対応することができるでしょう。

　職業ではカウンセラーになる人もいます。このように一番の弱点をこの16度から20度までに間に鍛えるのです。壁を破るために裏腹なものを持ち込むことになり、16度の人は単調ではなく複雑です。

　サインのあらゆる度数の中で、最もわかりにくい面であり、また最も矛盾しているように見えます。

塔のカードのように堅い信念を打ち壊す
16度の力は定期的に行わなければならない

　死後探索で有名なブルース・モーエンは、合意的現実という虚像から脱出して、本来の人間性、知識に戻るためのショックが必要だといい、これを信念体系の崩壊と説明しています。それまで信じていることにはそぐわない体験をすることで信念に傷が入り、それはやがて硬い壁でも壊してしまうのです。

　タロットカードの塔のカードとは、塔のように硬い信念体系が壊れることを絵で説明しています。誰でも安心の中に住み、ずっと同じ安心できる状態を維持しようとしますが、それを続けることで人間は次第に衰えていき、理解力もまた積極性も失い、気がつくと鬱病になっていたりします。

　そのため、信念体系が壊れていくというのは定期的に必要で、占星術ではそれぞれのサインの特質への信念が壊れていくのがこの16度だと考えるとよいのです。そのことで1度から15度までで構築したサインに対する信念や信頼、愛着がいったん崩壊します。しかしその後も、サインの追及は終わらず、視点がもっと自由になったということになるのです。

　所有という点では15度がピークですから、いったん所有すれば、もうそれで満足して、次に行くべきだといっているのかもしれません。

　この度数ではいかなる確信も、その確信が強いほどに崩れ去る勢いも強くなりますから、相当に不安なものがあるかもしれませんが、もともと生命も人間もそんなに安定しているものではなく、安定しているとしたら、それは生命ではなくモノであるということからすると、揺れている中で生きるということに慣れてしまえば、この16度の人は、むしろ生き生きしている、常にぼうっとしているわけではないということで、冴えているといえます。

　かたちとしては折れる。しかしこれはモノコードでいえば、1オクターヴ高い響きが生まれるのですから、明らかに進化の兆しです。それはサインのレベルを上げることになるのです。その目的のために頑固で無知な信念体系が壊れていくのだと考えるとよいでしょう。

♈ 牡羊座 16 度　Brownies dancing in the setting sun.
「日の入りに踊っている妖精ブラウニー」

牡羊座特有の活動力が弱まります。日の入りは夕方で活動力の停止を表します。動きを止めることで、今まで気づかなかったことに目を向けるように。

♉ 牡牛座 16 度　An old man attempting vainly to reveal the Mysteries.
「神秘を暴露するために空しい努力をする年を取った男」

今までは自分の資質だけで満足するべきだった牡牛座が、自分の持っているものに飽きてしまい、もっと大きなものを外部に期待するようになります。結果として、自分自身の資質に眠る新しい可能性を発掘するきっかけが生まれます。

♊ 双子座 16 度　A woman suffragist haranguing.
「熱弁する婦人参政運動家」

それまで個人的な知性の追及がメインだった双子座が、射手座の影響により多くの人に働きかける力を持ちたいと考えるようになります。結果として、個人的ではない知性や視野を拡大するきっかけを見つけます。

♋ 蟹　座 16 度　A man before a square with a manuscript scroll before him.
「手書きの巻き物を目の前にし正方形の前にいる男」

心の中にある願望を社会的な目に見える場において実現したいという思いが生まれます。その結果、働き能力のある蟹座が育ちます。

♌ 獅子座 16 度　Sunshine after a storm.
「嵐の後の陽光」

　それまでの個人的なテンションの緊張状態が終了し気が抜けたような状態になります。しかし、その結果としてリラックスし、許容度の高い生活を楽しむことができる獅子座が育ちます。

♍ 乙女座 16 度　An orangutan.
「オランウータン」

　自分の人格を形成するために今まで排除してきた影の要素が、まとまって自分を襲撃してくることを表します。その影響を受け、狭い人格に閉じこもらないおおらかな乙女座が育ちます。

♎ 天秤座 16 度　A boat landing washed away.
「流されてしまった船着き場」

　人との関わりに深入りしすぎて戻る場所が見つからなくなった天秤座は、いったん対人関係を止めることとなります。それによって、天秤座の度量の拡大のきっかけが。

♏ 蠍　座 16 度　A girl's face breaking into a smile.
「いきなり笑い出す少女の顔」

　それまで外部のものとの絆や関わりにすべてをかけてきた蠍座は、そこまで無理をしなくても自分自身の資質の中で満足すればよいのではないかと考えるようになります。結果的に自分自身の内面を通じて、外部の影響力が入り込んでくる回路が生まれます。

♐ 射手座 16 度 Sea gulls watching a ship.
「船を見ているカモメ」

　頭でっかちな生活をしてきた射手座が、より地上的な実生活での活動に関心を向けるようになります。しばらくは他人の力を借りて仕事をします。が、その後再生力を身に着けます。図太い射手座が育ちます。

♑ 山羊座 16 度 Boys and girls in gymnasium suits.
「体操着の少年少女」

　業績や仕事に集中していた山羊座が、ここで素直な生命力の楽しみや子供らしさを取り戻します。それによって、柔軟性の高い成長した山羊座へと変化します。

♒ 水瓶座 16 度 A big businessman at his desk.
「机に座っている偉大なビジネスマン」

　広い視野を持ってビジネスなど野心的なことに取り組む姿勢を表します。マクロな現代社会の弊害はほとんどここから生まれます。現代的状況の中で自分を生かす、水瓶座の新たな方向性が生まれます。

♓ 魚　座 16 度 The flow of inspiration.
「ひらめきの流れ」

　自分自身の思いつきや霊感などのスピリチュアルな能力を実際のイベントや流行など社会の中での事業や活動に振り向けることになります。そのことで、今までの魚座の狭苦しい派閥的な性質が打ち破られます。

Ⅱ　度数の意味

17度（16.00度〜16.99度）

【瓦礫の山で新たな希望を見出す】

16度では受動的なとらえ方が
17度では積極的にとらえるようになる

　17の数字は1と7を足して8の数字の系列です。8は圧縮や凝縮、力を集めることに関係します。しかし、17は奇数であるため、ある程度溜め込んだ後に放出するような性質があります。基本的に開かれている状態の中で、エネルギーを溜め込んで放出する感じになるのです。

　例えば、タロットカードの17は「星」のカードですが、星の力が地上に座っている女の人に入り込み、そこで少し留まった後に池に流し込まれていく絵柄です。池は蟹座のシンボルで共同体や仲間を意味します。そこに、女性が受け止めた星の力が供給されていくのです。タロットカードでは16の「塔」のカードで、その人を閉じ込めている人格の殻が壊れました。そうすることで、壁が隠していた星が見えてきたのです。

　普通、誰もが知性の壁を持っていて、それが真実を見えなくさせていることがあります。人格を保護するコンフォートゾーンのようなものが、その人を取り囲んでいる壁と考えるとよいでしょう。それが16で壊れることで目が開かれて、遠くに輝く星があることに気づきます。

　星は非常に遠いものや古いもの、未来的なものを表し、壁がある限りは見えてこなかったものが見えてきます。その代わり、壁として自分を守っていたものを失います。星のカードでは、裸の女性が描かれ、守りとしての塔を意味する衣服を着ていません。自分を防衛する緩衝材がなくなることで、不安定な危険にさらされる状態となりますが、反面視野の広がりを獲得します。

　16の続きとして17が発生すると考えるとよいでしょう。16度で各サインのアイデンティティが保てなくなりました。しかし17度では、それを積極的に評価する気分に変わります。

そのサインがやり続けていたことが停止することで
さらに大きな希望に気づくことができる

　牡羊座は16度で活動力が停止して、その停止した後の17度で目の前にはない遠いものに興味を向けて議論し続けるといった状況が生まれます。それは暇な人にしかできないことです。忙しく活動している人ややりたいことに夢中になっている人には、そこに取り組む余裕はありません。

　例えば、病気で仕事を休んだり、何らかの事情で活動できなくなったりした時に、突然暇な時間が生まれることをイメージするとよいでしょう。その暇ができることによって、今まで見えていなかったものが見えてくるとの同時に、活動すること自体が自分を守っていたことに気づきます。

　つまり、動き続けること自体が自分を防衛することだったのです。それができなくなった時に、今までの人格が保てなくなり、その結果、今まで見たことのなかったものが見えてくることになります。

　タロットで塔のカードにたとえられる人格クラッシュには大げさなものも、そうでないものもあります。小さなことでは、ちょっとした習慣が壊れるということもあるでしょう。いつも夜型の人が、ある日朝早く起きることも塔の現象といえます。遅刻したことがない人が遅刻したということもあるでしょう。とても小さなことだとしても、その時、初めて見えてくるものがあるはずです。

　うまくいかなくなったとしても、今までとは違う可能性に気づきます。壁が破れて星が見えることは、行為をし続ける機械が止まることで機械が隠していた遠くにあるもの、より大きなものがわかってくる状態を表します。それは新しい生産性や新しい希望であることが多いでしょう。

　そのようなものが、それぞれのサインの性質において、17度の度数で出てきます。それぞれのサインにはそれぞれのサインが持つ機械のようなもの、やり続ける活動があります。例えば、天秤座なら対人関係です。そのやり続けている活動によって維持していた自分が、いったん脱落することでさらに大きな発展のきっかけをつかみます。

　17の数字には共通性があるため、例えば17歳の時にそのような体験をした人は多いでしょう。そのあたりを思い出してみるのもオススメします。

再来した初心のようなものが17度
定住しないことで遠くの星を見ることができる

　一度壊れた信念体系は、また時間が経過すると固まってきます。占星術では、特に信念体系は土星が形成しますが、これはサタンリターン、すなわち29年ごとにいったん解消され、また新しく建物が作られるように固まってきます。

　17度は16度の信念体系が壊れたという体験の直後に訪れるものですから、それは自由で目覚しく、また清々しい希望に満ちたものですが、時間が経過するにつれて信念体系はまた固まってきますから、17度の柔軟性はたいていの場合、また忘れてしまいます。

　ある意味で17度とは、再来した初心のようなものです。例えば、あなたが引越しするとしたら、新しい家を借りた直後には、生活全体が自由で柔軟になり、今までよりも行動的になれるし、何もかもが新しいものに見えるのではないでしょうか。しかし新居に慣れてくるとそれは当たり前になり、この気分を失います。

　17度の不安定であるが（つまり洋服に保護されていないが）自由な、遠くまでビジョンが飛んでいく状態というのは、そう長くは続かないのです。

　それは星のカードの絵柄にも見るように、いかにも不自然なことにも感じられてくるからです。しかし生まれつき出生図の天体で、17度の度数を持つ天体を持つ人は、この天体の作用においては常に固まらず、遠くに目を向け、また新しい気分と希望に満たされていることになるでしょう。

　立場が安定すると失われやすいもの、そのためにこの人は、安住はしないと決意するかもしれません。古い時代の日本では、職人は住居をはっきりと決めておらず、だからこの移動する人々を「無縁(むえん)」と呼んだのですが、しかし優れたものを持っていました。そして定住する人々にはないものを持っていたのです。定住する人には遠い星は見ることができず、定住しない守られていない人にのみ遠い星が見えていたのです。

　この度数の人は、人に自分の得たものを提供したいという意志を持っています。しかし、もし立場が固定されるような可能性があると、この人はそこから去る可能性もあります。

♈ 牡羊座 17 度　Two prim spinsters.
「2人のしかめっ面した独身女性」

　生産的活動を停止して、目に見えない精神的活動に目を向けること、それについてあれこれと議論することに忙しい状態を表します。時間に余裕があることで優れた能力を発揮することになるでしょう。

♉ 牡牛座 17 度　A battle between the swords and the torches.
「剣とたいまつの間の戦い」

　自分で作り出したものに対して批判的で、葛藤を起こしながらも創作と破壊を繰り返し、優れたものを作り出す力を表します。

♊ 双子座 17 度　The head of health dissolved into the head of mentality.
「知力の頭に溶けていった健康の頭」

　開かれた精神はとても影響を受けやすいことを表します。いろいろな人のいろいろな意見を全部受け入れてしまうようなところがあるでしょう。なかなか固めることができませんが、視野が広くなります。

♋ 蟹　座 17 度　The germ grows into knowledge and life.
「知識と生命に成長する微生物」

　微細な可能性、ちょっとしたことでもかたちにしたいという思いを表します。職業や立場などの型にはまらない状態で、興味や可能性をかたちにしたり仕事にしたりする力がある。

♌ 獅子座 17 度   A nonvested church choir.
「ベストを着ていない聖歌隊」

リラックスした日常の中で、楽しいことを見つけ出す力を表します。本来期待するべきものではないものにも、実は創造的な可能性がいくらでもあることを発見することになります。

♍ 乙女座 17 度   A volcano in eruption.
「噴火している火山」

今まで自分の人格が押さえ込んでいた生命力が一気に噴出す状況を表します。枠に閉じ込めなければ、生命力はとても強力だということに気がつくことになります。

♎ 天秤座 17 度   A retired sea captain.
「引退した船長」

失敗した体験を分析することで新しい意義を見つけ出すことを表します。一見、否定的に見えたことも、よく考えてみると実はそうではないということを発見します。

♏ 蠍　座 17 度   A woman the father of her own child.
「自分自身の子供の父である女」

自分の内面から作り出されてくるものが、より外面的なものを受信した結果であることに気づきます。外的なものは内的な回路を通じてより膨らんだ可能性をもたらします。

♐ 射手座 17 度　An Easter sunrise service.
「復活祭の日の出の礼拝」

地味な職場や目立たない作業をする中にも、たくさんの可能性があることに気づきます。どんなところでも自分を生かすことができることを発見。

♑ 山羊座 17 度　A girl surreptitiously bathing in the nude.
「密かに裸で入浴する少女」

型にはまったところで生きてきた人が自由にのびのびすることで、結果として、今まで自分がサポートできなかった部分や血が通わなかった場所に意識が向き始めます。

♒ 水瓶座 17 度　A watchdog standing guard.
「ガードをしている番人」

社会の中にはそれぞれの個人のメリットや守りたいもの追求したいものがあり、誰が中心ともいえないのです。それが古いドグマを打ち破ります。

♓ 魚　座 17 度　An Easter promenade.
「復活祭の歩道」

物質的に閉じ込められることのないアイデアや創造性は、躍動的でダイナミックなお祭りのような盛り上がりとなります。それによって日常の堅苦しさが開放されます。その楽しさや喜びに大きな意義を見つけ出すことを表します。

18 度 （17.00 度～ 17.99 度）

The meaning of the degrees　【星に照応する古い記憶の探索】

より具体的に自分自身の足元を見て自分の失われた記憶の中を探る18度

　18は1と8を足して9の数字の系列です。9は探求や旅という意味を持ちます。

　サインの中で9に関係する度数は9、18、27の3種類です。探求や旅という意味において共通ですが、それぞれ三つの違いははっきりしています。18は偶数ですので、内向きな傾向となります。9が精神的な追求する一方で、18の数字はより具体的な足元や自分の失われた記憶の中を探ることとなります。9は上を見ていますが、18は下を見ています。

　17のタロットカードの「星」では、壁が破れた後に遠くに星が見えましたが、18は「月」のカードで池からザリガニが上がってきます。ザリガニは、脳の古い部分、ジュラシックコード、虫脳と呼ばれる場所を指します。ここに眠る古い記憶に、必ず星に符号するものがあります。つまり、過去の記憶の中から星に対応するものを引き出すことができるのです。

　人格の壁が星の光を隠していた時代には、その星に照応する古い記憶も忘れていたのです。上にあるものと同じものを下から探す。未来に対応するものを過去から探すのです。それがうまくいくと、星という未来の希望を実際的に生活の中で生かす接点が見つかるのです。

　たとえていえば、上のプラス2は下のマイナス2と対応し、上のプラス3は下のマイナス3と照応しています。

大きなことを考えるのではなく
小さいところで何をすればよいのかを考える

　極めて未来的なビジョンを手に入れると、それに縁のある古代の記憶も刺激されます。というのも、時間は円環構造になっていて、未来というのは過去に連動しています。16度で一度人格クラッシュを起こすと、意識が柔軟になり、もっと未来的な可能性を17度で発見しますが、18度ではその具体的なきっかけを模索するのです。それはもう既にあるが、しかし忘れてしまったものの中にあります。

　月のカードは眠りの意識、または日頃は見えない意識の中を探索します。なぜなら、日常の記憶ではもう失われてしまった古いものを模索するとはそういうことです。

　壁が打ち破られる前の段階では、無意味に見えたもの。こういうものの中に新しい可能性が発見できることも多いでしょう。いったんそれまで繰り返されてきたことができなくなり、新しい希望で自分を再生させなくてはなりません。そういう時には、生活の建て直しの中で足元を見ながら、新しい自分の生かし方を模索する。

　大きなことを考える必要はないのです。まずは小さいところで何をすればよいのか考えます。すると、それはどんどん膨らんできて、星の力の具体的な再生であることに気がつくのです。

　18度は探し物です。何を探したいのか、自分でもわかっていない場合も多いのです。わかっていればそれは探し物ではありません。自分の記憶の中や古い意識から探し物を見つけるには、計画もできず、また頭で考えることもできません。黙々と何か行為をしている中で、やがて浮上してきます。

小さなものの中に大きなものが隠れていて
大きなものを思い出すために小さなものに集中する

　大きな宇宙的なものは小さなものに縮小的に反映されていて、あらゆるものは同じ構造を持っていると考えてみましょう。すると、大きな領域で新しいビジョンとか知識・発見をすると、それに対応したものを小さなものの中にも発見す

ることになるのです。

　今まで気がつかなかったけど、ごくごく日常的な小さなものの中に、今発見したものと同等のものを見出すことになります。

　月のカードは忘れたものを思い出すために脳波をリラックスさせます。例えば、眠りの脳波はシータ波とか、デルタ波などですが、これは個人の自我が形成される以前の、集団的なものに開かれた意識を表しています。このような状態の精神が働くと、個人の自我が育成されることで忘れてしまったような記憶の奥にある貴重なものを思い出すことができるのです。

　下の記憶とたとえるとよいのですが、それは特に物質の中に眠っています。金属や鉱物、物質です。そのため、この度数の人は、自分の手元にある小さな持ち物などに関心を集中させる場合も多いでしょう。

　小さなものの中に大きなものが隠れている。大きなものを思い出すために、小さなものに集中するということです。

　大それたものでない、まさに小さなものの中に大きな秘密があると考えてもよいのです。自分が変わるとどんなものにも今まで気がつかなかった新しい可能性を発見します。それは非常に楽しく新鮮な衝撃を伴うこともあります。

　18度は常に模索し、見つけようとします。哲学的なものというよりは、事物の新しい意義について考えもします。どうでもよいようなちっぽけなきっかけから、だんだんと大きく広がっていくもの、まさかこんなことになるなんて想像もしなかったというような展開が訪れます。小宇宙の拡大といってもよいでしょう。

　例えば自分の部屋の中を見回すと、それは宇宙の縮図だともいえます。この中にどんなものでもある。そのように考えてみると、インテリアの配置、あるいは掃除にも真剣になるでしょう。台所の掃除だけに1日かけてしまう。そんな行為にも、実は大きな発展力があることに気がつくのです。

♈ 牡羊座 18 度　An empty hammock.
「空のハンモック」

活動力が停止し休息状態だったため、元の牡羊座の活動力に戻そうとします。今後は休息と活動の理想的なバランスを探していくことに。

♉ 牡牛座 18 度　A woman holding a bag out of a window.
「バッグを窓から外へ出している女」

心の中にあるいろいろな思いを全部吐き出して空にすることで、より深い記憶が出てくることを表します。表面的なノイズを消すことで深い部分からのメッセージが上がってくるのです。吐き出す都度、さらに満たされるという不思議な人です。

♊ 双子座 18 度　Two Chinese men talking Chinese.
「中国語を話す2人の中国人」

専門用語で話す人達を意味します。集まりで専門用語を話し、一般向けではなくなることも多いのです。もちろん探求力は高まります。

♋ 蟹　座 18 度　A hen scratching for her chicks.
「ヒヨコのために土をほじくる雌鳥」

仕事をしたり社会参加したり具体的な活動をする時に、自分の本性に一番合ったものは何かを探していくことを表します。それによって社会の中での自分が育ちます。

Ⅱ　度数の意味

♌ 獅子座 18 度　A teacher of chemistry.
「化学の先生」

　一般常識に縛られずにみんなと同じようなことはしないで自分の好きなことを生かしながら生きようとする。その方法の模索です。抜け穴の発見。

♍ 乙女座 18 度　An ouija board.
「ウィジャ盤」

　今までの几帳面な人格が無意識からの衝撃で壊れましたが、その無意識の力は活用できるため、その力を小出しに使えるような方法を考えます。

♎ 天秤座 18 度　Two men placed under arrest.
「逮捕された 2 人の男」

　これから成長する可能性を持っているがまだ発展していないもの、今後どうしたら広がるかの模索を続けます。

♏ 蠍　座 18 度　A woods rich in autumn coloring.
「豪華な秋色の森」

　こもって集中的作業に取り組むことで模索し、それによって生まれた成果をたくさんの人に見せていきます。集中して閉鎖する部分と開放して見せる部分との交互の繰り返しです。

♐ 射手座 18 度　Tiny children in sunbonnets.
「日除け帽をかぶっている子供達」

　ある程度保護された状況の中で、自分のやりたいこと追求したいことに取り組みます。他所から邪魔が入るとなかなかうまく進みません。

♑ 山羊座 18 度　The Union Jack.
「イギリスの国旗」

　自分の感情のコントロールの仕方を模索します。ここは好きにやってもいいけど、ここはちゃんとしなくてはいけないといった、生活管理力なども表すでしょう。

♒ 水瓶座 18 度　A man unmasked.
「仮面がはがされた男」

　隠していたものが暴かれるといった意味になります。ここでは、18 の模索するという意味が、模索されるといったかたちで、秘密を暴かれることになります。そのことによって、本来の水瓶座的な生き方に戻っていけるのです。

♓ 魚　座 18 度　A gigantic tent.
「巨大なテント」

　自由に好きなことができるように、特定の場を用意して影響が周りに飛び散らないようにすることを表します。場所をまず確保する。邪魔が入らない場所を作って探求する姿勢が現れます。

19度 (18.00度〜18.99度)

The meaning of the degrees

【精神性との二人三脚による新しい世界観】

新しい方針が打ち出され
スタートを切るポイントの一つが19度

　19の数字は1と9からなり、足すと10、さらに1と0を足して1となる数字です。1はスタートを表しますから、新しい方針が打ち出されて新たな体制が始まります。このようなスタートのポイントは1、10、19、28と四つあります。

　19は10と9が足された数と考えることもできるでしょう。10は明確にかたちとなる意味を持ち、それはしばしば合意的現実の世界に生きることを表し、9はその一つ手前にある状態です。それはかたちになっていませんが、精神として完成しています。

　タロットカードの19は「太陽」のカードで、2人の子供が立っている絵柄です。これは、かたちのある私達のように肉体を持った存在が1人の子供で、尻尾のあるもう1人の子供はまだかたちにまで降りてきていない非物質的なエーテル体とし機能する存在です。つまり夢の中に生きている子供です。

　数を上から下に向かうものとすると10を床とした時、9は上から数えて9の段階までしか降りてきていない床についていない存在です。それはガイドや盟友、また非物質の友人を意味します。その見えない存在と一緒に生きていくといった場合、物質的なところだけで生きている場合は見えるものだけを見て判断することになりますが、9はまだかたちになっていないような可能性も考慮します。その意見を取り入れたかたちでスタートする生活の始まりというのは、随分と幅のあるものになるでしょう。

18度で模索した結果
無意識の領域との接点が明確となる

　昔、私がタロットの本を書いた時、19の数字とは、太陽暦と太陰暦が合致するメトンサイクルであると説明しました。太陽暦的な発想の10と太陰暦的発想の9の両方をうまく体現していくことをこの2人の子供は表しています。

　政治家と霊能者が一緒にいるイメージと考えることもできるでしょう。ガイドのいる暮らしや、常にハイヤーセルフと相談しながら生きるといった感じもあります。ハイヤーセルフはもう1人の子供ということではありませんが、原理としてはエーテル体という見えないもう一つのボディ自体がより上の次元の受信器となる作用があります。物質的なものは受信器になりえません。

　つまり、もう1人の9の子供がいると、それがハイヤーセルフの足がかり、受信器となります。そのため、ガイドのいる暮らしまたはハイヤーセルフがいる暮らしといった感じになるのです。

　この現在の世界は、3次元的世界と夢の世界の原理がはっきり異なっているため、そのようなもう1人の子供がいないことには片寄りが生じます。30度のサインの中での19度を見た時、無意識の領域との接点が明確になったかたちで新しくスタートする意味が含まれます。18度で模索した結果、このような結論に至ったのです。

　タロットでは18の月のカードで描かれていた下から上がるザリガニが成長した結果、この2人目の子供となったのです。塔が壁を作り始めた時代に、忘れ去られたもう一つのボディを取り戻したといえるでしょう。19を2人の子供と想定して、それぞれのリインの説明をしくみるとよいでしょう。

自分の望む生き方を得るために虎視眈々と可能性を探る
小さなきっかけから大きく拡大してく力強さがある

　それぞれのサインの19度のサビアンシンボルを見てみるとある程度わかると思いますが、想像的な面で壮大に広げていき、それによって現実が少しずつ微妙に変化する、改善されていくことが多いのです。

　志やビジョン、目標、スローガンなど、これらがないまま日々暮らしていくと、

私達は現状維持というよりは、むしろどんどん萎縮していき、気がつくと、驚くほどに卑小になっていることに驚きます。
　つまり法則として、上昇するか下降するかしかなく、平行性というものはないのです。ですから常に大きな目標を抱き、想像力を膨らませて、自分の望む方向に向かっていくということをしないと、私達は、もう何かを考えたり感じたりさえできない人間になっていくことに気がつきます。
　少し余裕を見てゆとりのある暮らしをしようと思ったら、3年しないうちにどんなこともやる気のしない自分が出来上がっていたとか、最小の1ミリのズレは、やがては数メートル、数十メートルのズレになっていくのです。
　19度の人は、自分の望む生き方を得るために虎視眈々(こしたんたん)と可能性を探り、そして小さなきっかけから大きく拡大していきます。毎日夢見をしているとうっかりミスはなくなり、ちょっとしたきっかけの時に自分の望みの方向に方向転換しようとします。その繰り返しをすることで、気がつくと非常に大きな変化をしていることに気がつくのです。そのためには想像力を広げること。もう1人の、姿の見えない、しかし夢の中で出会うことのできる自分をイメージしてみるとよいのです。それはいつもどういうメッセージを発信しているか。
　9の数字は現状に満足することはなく、そしてこれが現状の生き方の10に加わることで、常にこうしたい、ああいうふうに変化させたい、と考えるようになり、またそのように夢見ることで他の人が気がつかないことに気がつくような注意力の発達が促されます。19度はほら吹きの度数ともいえますが、しかしそれは現実化してしまうのです。

♈ 牡羊座 19 度　The Magic Carpet.
「魔法のじゅうたん」

　タロットの太陽のカードの 2 人目の子供が床にまで降りてきていないと説明しましたが、この度数でも地面で生きている私達と魔法の絨毯に乗っているもう 1 人の自分の両立といえるでしょう。想像的現実をリアルにイメージし、そこに現実を近づける。

♉ 牡牛座 19 度　A newly formed continent.
「新しく形成される大陸」

　心の底から出てくるメッセージをたえず聞き取ります。それによる判断を考慮に入れるため、太陽のカードと同じように目に見える大陸ともう一つの大陸があるということになります。それは、古い伝統の中からやってきます。

♊ 双子座 19 度　A large archaic volume.
「大きな古典書物」

　知恵の源流としての古典的で総合的な基準があり、常にその基準に基づいて考えていくことを表します。日常の書物とその古典書物の2種類を参照にするのです。

♋ 蟹　座 19 度　A priest performing a marriage ceremony.
「結婚の儀式を遂行する司祭」

　想像的現実を表します。幸せで幸福なイメージを思い描き、それを広げていく状態です。そのことで、現実の生活の中に華のあるもう一つの現実を埋め込もうとします。

♌ 獅子座 19 度　A houseboat party.
「ハウスボートパーティー」

遊びの時間と真面目に働く二つがあった時、遊びの時間を優先することを表します。2人の子供がいるとして、想像的な子供と実際の子供といった場合、立場が逆転することになります。まず、遊びや楽しいことが中心となり、そのために仕事をすることになるでしょう。

♍ 乙女座 19 度　A swimming race.
「水泳競争」

無意識の探求を他の人と競ったり協力したりすることで、19の中の9に属する能力を鍛えていく姿を表します。無意識の海の中で何が正しいか判断する訓練も。

♎ 天秤座 19 度　A gang of robbers in hiding.
「隠れている泥棒集団」

大きな野望を抱きますが、他の人はまだそれに気づきません。その夢や野望をだんだんと現実へ埋め込みます。やがてはそれが基準となります。

♏ 蠍　座 19 度　A parrot listening and then talking.
「聴いてはしゃべっているオウム」

もう一つの無意識からやってくるメッセージを、そのままチャネリングするかのように直接言葉にする能力です。

♐ 射手座 19 度　Pelicans moving their habitat.
「住処を移動するペリカン」

　通常の社会とそれから離れたもう一つ別の場所を作り、行ったり来たりする中で新しい体系が形成されます。

♑ 山羊座 19 度　A child of about five with a huge shopping bag.
「大きな買い物袋を下げた5歳程度の子供」

　理想とする働き能力が今の自分からすると程遠いように感じますが、達成目標を明確にし、そこに自分の力を近づけていきます。

♒ 水瓶座 19 度　A forest fire quenched.
「消し止められた山火事」

　変化する状況に対して、その都度自分の内面に閉じこもらず、状況をちゃんと見据えて体当たりで対処する力を表します。物質的子供と想像的子供の2人といった場合、物質的子供は実は頭の中だけで生きているため、現実が認識できていません。むしろリアルな現実に開いて対処するには、想像的子供が活躍することで本当の意味でのオープンな水瓶座が生まれます。この逆転の現実に水瓶座の人は気がついてしまうのです。

♓ 魚　座 19 度　A master instructing his pupil.
「弟子を指導する巨匠」

　教える側と教えられる側の関係がここで成立します。主客は容易に反対になります。むしろ常に入れ替わっていると考えられます。

*20*度（19.00度～19.99度）

【環境に振り回されない】

20度とは過去から未来へ流れる時間と未来から過去に流れる時間が並列している状態

　20の数字は10と10の数字の結合です。この同じ10の数字が二つあるのは、同等で、なおかつ反対に向いた性質のものが並んで存在していると考えるとよいでしょう。

　一番近いのは、過去から未来へ流れる時間と反対に未来から過去に流れる時間が並列している状態で、片方の形式をもう一つの側が相対化します。

　11の数字は、10という集団化された世界の価値に対して、異を唱える意思の芽生えで、それが10に対して1を加えたものでした。しかし、この異を唱える側の勢力は十分に育ってはおらず、10という安定した世界に対して対等に関わることはできなかったのです。そのせいで、11では10に対しての独立性を持つことができず、単に反抗心として現れることもありました。

　19の段階でさえ、9の子供は非物質で、精神的にアプローチするしかなかったのです。

　しかし20にまで至ると、10の数字に対して全く対等の力を持つ反対の勢力の10をぶつけることができます。もともと20は2と0を足して2の数字の系列です。2の数字は2種類のものや対立するものが二つ並ぶこと、その間で相対的に揺られるということです。それは、何かを一方的に決定することができない欠陥を持つでしょう。反対にいえば、一つの考え方に固まらずに常に柔軟な性質を表します。

　20の数字は一方的な時間の流れに支配されなくなることを意味します。

　私達は、時間は過去から未来へ流れると考えています。ある特徴が違う特徴に変化していきます。それを時間の経過とともに体験し、それを進化と思うこともあります。これが時間の一方的な支配ということでもあります。

人間は生まれてから年を取っていき、そして死んでいきます。これが一方的な考え方です。実際には、この時に、反対に流れる時間があり、年を取るにつれて反対に若くなっていく流れがあることに気がつきます。これが20の発想の一つです。

　一方的な時間の支配を受けている人は、手に入れたいものがあっても失ったり、覚えていたいことがあっても忘れたりします。つまり喪失感があるのです。

偶然に支配されず好調・不調が関係ない
したい時にして、止めたい時に止める

　過去は既存であるが、未来は未知なために、これからやってくるものがわからない。これは極めて一方的で、片面的です。つまり、偶然性や外部の状況に支配されるため、身動きを取ることができません。それに対して、逆に動く時間が関与することで、時間の支配力が相対化します。

　自分が望んだものが過去に消えていこうとしても、それを引き寄せたり未来から取り寄せたりするなどして、望んだものにアクセスすることができるのです。

　これはタロットカードの20の「審判」のカードにわかりやすく描かれています。天使がラッパを吹くと、墓から死んだ人が蘇る絵柄です。

　時間の経過とともに忘れてしまったものは、時間の流れに関わらず、呼べば再生するのです。ラッパは意思を意味します。広がっていくラッパのかたちは、意思の拡大を表します。

　自分がしたいことがあった時、それがだんだんと広がることで必要な状況を引き寄せます。

　20の数字は偶然に支配されないことを表し、どのような状況でも好調・不調に影響されません。サインの場合の20度では、それぞれのサインの特徴において継続力や任意性があります。

　望めばいつでもそれができる。状況の調不調には振り回されない。今日は具合が悪いので、うまくできない。そういうことがあってはなりません。したい時にする。止めたい時に止める。

　偶然に支配されない自由性を手に入れることで、その後、最強の21度の力が用意されることになります。いつまでも続く日々の規則的な暮らしの中での仕

事の継続ということもあれば、不遇の時代でもめげずに継続できる持続力という場合もあります。

毎日同じことを繰り返していても
それを退屈とせずに手応えを感じながら進める

　20度の性質の訓練のために、ちょっと苦痛な体験をしなくてはならない場合もあります。それは調子が悪い時でも、調子が良い時と同じ姿勢で取り組まなくてはならないということです。例えば、レストランでいえばお客がたくさん来た時には誰でも楽しくがんばれます。全くお客が来ないとか、1人しか来ないような低調な時でも、たくさん客が来ている時と同じくらいの姿勢で取り組まなくてはならないのです。

　状況に振り回されないというのはそういうことで、20度は状況に依存してはならないのです。むしろ自発的に、自分の方から働きかける勇気と力と自主性を持つことが大切です。またうまくいかない時には、うまくいくまでしつこく働きかける必要があるのです。相手の態度が悪い時でも、自分の側としては、姿勢を変えてはなりません。

　偶然性に支配されず、状況に振り回されず、常に安定して取り組むことができるならば、浮き沈みに過剰に翻弄されることはなくなります。そして取り組んだことは確実に、手ごたえを手に入れることができます。この20度の特徴は、退屈さを感じないことです。毎日同じことを繰り返しても、そこでは日々活力が高まります。この強さが育成されれば、運命の支配者になることができるでしょう。

　また、表向き評価されなくても、それに落ち込むことは少ないでしょう。長い目で見ると、努力したことは必ず報われますが、短期的には評価されないこともあるのです。そのことにいちいち気にしないのが20度の人の特徴です。そのため、長く関わる人は、この人の良い面にたくさん気がつきます。そして信頼感を抱くことができるでしょう。条件に振り回されにくい特質は、その人の人格の安定性を作り出しますから、いつでもこの人に何か頼むことができるのです。特に土のサインにおいては、この20度は協力精神に満ちています。

♈ 牡羊座 20 度　A young girl feeding birds in winter.
「冬に鳥に餌をやる若い少女」

運が悪い時でも、積極的意思を忘れず取り組む姿勢を表します。逆境に強いということもあるでしょう。

♉ 牡牛座 20 度　Wind clouds and haste.
「雲を作り運び去る風」

潜在意識から上がってきたメッセージを、偶然の状況を利用して常にアクティベートする能力を表します。雲のかたちや道を歩いている人の会話、壁のシミを見た時に、すべてが自分の中からやってくる情報を受信する道具として使われるのです。そこに好調・不調はありません。

♊ 双子座 20 度　A cafeteria.
「カフェテリア」

好き嫌いから離れて、要求されたものすべてを提供することができます。双子座は風のサインのため、知性面において求められたものを与えることができ、平均的な知性の広さを表します。

♋ 蟹　座 20 度　Gondoliers in a serenade.
「セレナーデを歌うゴンドラ乗り」

日々の単調で退屈な暮らしの中に、喜びや満足感があることを表します。毎日規則的に働く平凡なものの中に、感情の高揚を発見するのです。

♌ 獅子座 20 度　The Zuni sun worshippers.
「ズーニー族の太陽の崇拝者」

どんな状況であれ、望んだ時に創造的興奮が呼び起こすことができる能力です。例えば、ダンスをする人であれば、どのような状況であれダンスをすることによって獅子座の活力が生まれるのです。

♍ 乙女座 20 度　An automobile caravan.
「キャラバン車」

共同で働くことでオールマイティになれることを表します。一人ひとりには得意不得意がありますが、力を合わせればすべてが揃い満たされます。乙女座は限定的な人格を意味していたので、それならば、人を揃えてしまえば完全です。

♎ 天秤座 20 度　A Jewish rabbi.
「ユダヤ人のラビ」

不遇な時代でも継続することで力が蓄えられ、それが生き延びる発展力となることを表します。

♏ 蠍　座 20 度　A woman drawing two dark curtains aside.
「二つの暗いカーテンを横に引っ張っている女」

無意識や超意識へのアクセスが望んだ時に可能なことを表します。スイッチを切るべき時にスイッチが切れるような、コントロール力が身につきます。

♐ 射手座 20 度　Men cutting through ice.
「氷を切り出す男達」

　いかなるテーマも取り組める姿勢、どんなものでもチャレンジできることを指しています。双子座の 20 度と共鳴していて、特に射手座は精神性や思想性を表すため、得意不得意がなくどんなものに対しても理解し応用できる力を表します。

♑ 山羊座 20 度　A hidden choir singing.
「歌っている隠れた合唱隊」

　目立たない仕事でもお互いに協力し合って貢献する姿勢を表します。山羊座は集団性を意味しますから、その中で自己主張を強めずに人を助けていくことになります。

♒ 水瓶座 20 度　A large white dove, a message bearer.
「大きな白いハト、メッセージの担い手」

　外に開かれた意識によって、どのような状況も自分に対するメッセージ機能を持つことを知っています。質問があった場合、回答はどのようなところからもやって来るのです。

♓ 魚　座 20 度　A table set for an evening meal.
「夕食のために用意されたテーブル」

　人間には縁があり、頭で考えてもそれを動かすことはできません。すべての人に対して、貢献し助けプレゼントすることで、巡り巡って再び自分に帰ってきます。そのことについて自分の意識で選ぶ必要がなく、誰に対しても優しさをもって助ければよいことを知っています。

II　度数の意味

*21*度 （20.00 度～ 20.99 度）

【活動力のピーク・跳躍力】

その人自身の創造性や積極性が そのまま環境の中に発揮される

　21 の数字は 2 と 1 からなり、足すと 3 になります。3 は生産性や創造性を表します。

　30 度のサインの中で 3 の数字の系列は 3 と 12、21、30 の四つです。21 の数字は奇数ですから、外に積極的に作り出す性質を持ちます。その手前に 20 の数字があり、この度数は時間の制限を受けない、偶然の状況によって変化しないことを表します。

　多くの人はやりたいことがあっても、状況が整わなかったり、自分が忘れてしまったりと不可抗力に思えるものによって好きなことを達成できません。そのような偶然性に振り回される状況を 20 で克服した後に、21 の数字でクリエイティビティを発揮します。つまり、自分の持っている創造原理が、偶然性に妨害されることなく、そのまま世の中でかたちになっていくことを表します。

　3 の数字そのものは、個人に関係しない普遍的な生産・動作原理でしかありませんが、21 となると具体的な実践力や創造力となります。その人自身の創造性や積極性が、そのまま環境の中に発揮されるといった意味になるでしょう。

サインの特徴を最も強く表す 21 度 やりすぎな傾向になるが破綻はしない

　タロットカードで 21 は「世界」のカードで、中央に両性具有の存在がいて四隅に四元素が配置されています。

　月の下には四元素があり、月の上には第五元素があるというのがアリストテレスの発想です。第五元素は陰陽分割されていないものなので、男性でも女性

でもなく中性です。陰陽分割されたものは月の下の世界なので、四元素のうち二つずつが男性か女性になっています。この中心の力が生命の本質を表します。その本質がその下の四つの元素に分割され、世界の中で完全なかたちの王国を作っていきます。

　四元素は第五の元素を内部分割したものなので、ここでは中心に忠実な四元素が配列され、すなわち自己に忠実な世界が出来上がるのです。精神的な達成というのは火や風のことで、物質的な達成は水や土です。つまり、ここでは両方が均等に達成されます。

　サインの21度は、サインの中で最も強力で能動的でテンションの高い状態を表します。それは、30度を3分割した3分の2の部分になります。ピタゴラスのモノコードでいう3分の2の位置を押さえて音を鳴らすと、上昇5度のソの音が鳴ります。ソの音は高揚感を表すため、飛躍・ジャンプ・楽しさを意味します。

　3分の2は、サインを反対から辿った時の11度もありますが、これは対立成分に対してはまだ十分に耐久度がありません。そのため、苦労を経験する前の高揚となります。しかし21度は、もう対立成分を克服した後なので、怖いものはないのです。

　それぞれのサインの21度は、そのサインの特徴において最強な状態を表します。同時にかなり無理をするため、ぎりぎりすれすれの行為に及ぶこともあるでしょう。

　どのサインの21度にもほどほどさがありません。やりすぎな傾向は強まりますが、それによる破綻がないのも特徴です。

　その人の創造性の極限的発揮を意味し、長く続くことになるのです。サインの中で最も油の乗り切った場所は21度、22度、23度ですが、この中で、まず21度はエンジンをかける状況なのです。

極端なまでに四元素の特徴が強く出るが
それは他を押しのけて主張されるということ

　ホロスコープを見て、この中でどこかのサインの21度に天体があれば、あるいはまたASCとかMCなどのこの度数があると、その感受点は文句なしに最強の力を発揮します。

ただほどほどさを嫌うために、たいていの場合、この特質は極端になりがちで、時には無理をした結果、身体に支障を来すこともあります。例えば、双子座の場合には、忙しすぎる活動の結果の自律神経失調症とか、射手座では目が悪くなるとか、時には獅子座の薬物、水瓶座の神経ストレスなどが出てくる場合もあります。また、魚座の場合には受容性の高さによって、むしろ積極的に見えない、反対に普通以上に決断力がないように見えるということもあります。

　サインの30度の中で正三角形を描いた時に、11度と21度がそのポイントになることは既に説明しましたが、この度数では急速に加速が始まります。そもそも三角形とは、乗り物でいえば、スピードを上げていくことを意味していて、その回転力の強さによって、飛翔する・ジャンプするような性質を持つのです。

　私達の見えるもののリアリティというのは、自身の精神状態とか、また継続する活動力によって全く違うものに見えてきます。

　加速するような活動状態の中では、日ごろ無理だと思えたものでも、可能に見えてきます。他の人には想像もつかないようなことができてしまうことは多く、この実現力を上手に発揮するには、この人独特の好みの行動とか習慣、いつものリズムに没入する必要があるのではないでしょうか。

　それは他の人にはちょっと合わせづらいものもあると思います。蟹座は積極的な活動サインで、なおかつ情感的なものです。この蟹座の21度の力が十分に発揮されると、本人は自然体として振る舞っているつもりでも、周囲の人は断りきれない押しの強さをこの人に感じる可能性が高いのではないでしょうか。

　しかしまた反対に、天秤座の21度であれば、秋を意味するサインですから、自分から何かしなくても、多くの人がこの人に接近し、また依存したりするし、それが行き過ぎに見えることもあります。

　それぞれの21度は、四元素の特質を過剰に強調しています。四元素は四つが均等にバランスを取る時に最良の特質を発揮しますが、21度では、それぞれの元素が他の元素を押しのけて主張する傾向が出てきます。

　活動力の強さによって、周囲の人々はこの人に従うことになるケースが多いでしょう。常に出来事の渦の中心になりやすいといえますが、対立するサインの90度の関係にあるものとは摩擦を起こさず協力することで、全体的にもっと強いエネルギーが発生します。例えば、双子座の21度と乙女座の21度が協力しあうことで、著しい開発力や仕事能力を発揮します。

♈ 牡羊座 21 度　A pugilist enters the ring.
「リングに上がる拳闘士」

　火の活動サインのエネルギーが最強で、欲しいものは何でも手に入れるような戦闘力を表します。ただし、周りの人から賞賛されなくてはやる気は生まれません。牡羊座の場合、自己確認の方法をまだ獲得していないので、誰かに賞賛されていないと自信を失います。

♉ 牡牛座 21 度　A finger pointing in an open book.
「開いた本を指す指」

　神話元型的・根源的法則の領域で、自分はどこに属しているか、自分の本当の人生の道はどんなものなのか発見します。牡牛座なので抽象的な精神性ではなく、伝統や古いものの中で自分に合致する方向性を見つけることになり、それは同時に未来的でもあるでしょう。

♊ 双子座 21 度　A labor demonstration.
「労働者のデモ」

　自律神経が痛むほどの活発な知性の活動力です。ただし、柔軟サインですから、自ら攻撃的に仕掛けていくことはありません。やって来たものをマルチに対処します。

♋ 蟹　座 21 度　A Prima Donna singing.
「歌っている主役女性歌手」

　水の活動サインですから情感的積極性がピークに達します。1人で何かをするということはなく、みんなをまとめて一緒に取り組もうとする積極性が出るでしょう。人によっては、この行為を押しつけがましいと感じることもあります。押しつけがましさのピークでもあります。

♌ 獅子座 21 度　Chickens intoxicated.
「中毒したニワトリ」

超越的領域に無理やりジャンプしようとします。十分に準備がないまま、それに取り組むことも多いです。

♍ 乙女座 21 度　A girl's basketball team.
「少女のバスケットボールチーム」

協力関係によって、達成したことのないような業績を達成する働き能力の絶頂点を表します。

♎ 天秤座 21 度　A crowd upon the beach.
「海岸の群集」

対人関係において、どのようなタイプの人にも関わらず、すべて公平に関わることができる能力です。相当変わっているような人でも、この人は扱うことができるでしょう。

♏ 蠍　座 21 度　A soldier derelict in duty.
「職務放棄兵士」

自分の中に入り込んできた新しい意思を押し出すことで、今までの古い環境に対して異を唱える状態を表します。不適応になったとしても、自分の意思を曲げることはありません。

♐ 射手座 21 度　A child and a dog with borrowed eyeglasses.
「借りた眼鏡をかけている子供と犬」

　思想面や教養面において、今の自分のレベルではチャレンジできないようなものを見ると、思わずそれに挑戦したくなる姿勢を表します。かなり無理なことをするので、体を痛めるような傾向があるでしょう。

♑ 山羊座 21 度　A relay race.
「リレー競争」

　社会の中でのビジネス競争や業績の競争、どんどん前に積極的に進んでいく力を表します。

♒ 水瓶座 21 度　A woman disappointed and disillusioned.
「絶望し幻滅した女」

　自分の個人的なものを否定し普遍性へ向かう姿勢を表します。個人的なものはローカルなものから発生します。カラダや生活などローカルなものから離れて、より普遍的なものに自分を投げ出すことを強烈に実践します。個人的な満足感を得たい感情は泣くことになりますが、そうすればするほど水瓶座の本性は喜ぶところがひねくれています。

♓ 魚　座 21 度　A little white lamb, a child and a Chinese servant.
「小さな白いヒツジと子供と中国人の召し使い」

　受容性のピークを表します。21 度は最強の場所ですから、魚座において最強ということは最高に頼りないという意味にもなるでしょう。柔軟性と受容性、そして未来を引き寄せる力となります。

22度（21.00度〜21.99度）

【高揚感のクールダウンによる定着】

四つのもので十字型を作り
時間と空間のサイクルを安定させる

　22は2と2を足した4の系列の数字です。4は着地させる、安定させるという意味があります。したがって、22はまず実際的で安定したと考えることができます。

　この場合、二桁の10の位の数字が二つあり、一桁目のものが二つあるということが特徴を表しています。

　法則としては、東西南北や春夏秋冬といったように、四つのものが十字型を作ると地上の時間と空間のサイクルが安定します。たくさんの人が共存するためには、この十字や四角形が大切です。隣に四角、隣に四角、さらに隣に四角……といった状態で格子は拡大でき、小さな十字は大きな十字へと構造的に共鳴しながら統合化されています。

　基本的に4の数字は、必ず対立したものを含みます。そりの合わないものが縦糸と横糸といったかたちで結びつき、片方が暴走しようとした時に、片方がそれを押さえるといった関係が生じます。

　逃げようとしても逃げられない、お互いにとって不得意な部分をつかまれて身動きが取れなくなるような性質が4なのです。

　通常、私達の生活の中では、この対立する二つのもののうち、片方の記憶を失います。つまり片方は意識に上がってきません。それが隠された効力を持ち、私達は自分が置かれた環境に縛られて、身動き取れないのです。反対にいえば、いつも安定しているのです。

一方的な時間の流れを停止して相対化させ
スタートを切ったものを安定化させる

　22の数字は、20 ⇒ 21 ⇒ 22と連続して進んでいます。それは、20や21の数字の意味を既に含むことを意味します。

　20の数字は過去から未来、未来から過去という対立する価値観が対消滅することで、一方的な時間の流れを停止させて相対化させるような作用がありました。このような二つの対消滅的部分を踏まえて、さらにプラス1が形成されて21が生まれます。

　21の創造原理は、時間に対する自由性を持っています。つまり、20が持つ任意にどこでも自由に作れるといった条件の中で、新しく始まる1があるのです。

　22は、10と10を足して時間が停止した後の世界で、プラス1の21のスタートに、さらに1を追加し、22の勢いを相対化させます。

　21の一方的に走るような三角形の奇数の尖った性質に対して、22は対立因子を持ち込みます。もともと3の動きを4は止めます。

　日本では、4は死を表すため不吉といった発想がありました。三角形を停止させる作用があるため、21の強いテンションや時間の自由の中で自由無碍に作り出す力、そのようなものに対して停止させる力を22は表します。

　21を死なせることで、安定させ定着化します。

自分自身の維持力や自分の存在そのものの
安定・着地も意味している22度

　単純な4の数字と異なるのは、20が前提にあるため、22の場合も環境の偶発的影響や時間の流れには振り回されないことです。21に対する反対材料を環境の中から借りてこないのです。

　通常の4では、自然界や環境に依存するかたちで安定感を発揮します。会社員が毎日会社に行って仕事できるのは会社があり、同僚がいるからです。季節には春夏秋冬といった季節の流れがあり、その中で生活が営まれるのが4の数字ですが、22はこのような時間の流れに無関係です。

　いつでも自由にラッパを吹くとアクセスできるのが20、過去や未来を気にし

ないでその人自身の第五元素（第五元素はもともと時間の外にある）の本質的本性が環境に邪魔されないで創造性が発揮されます。それを踏まえた22ですから、22は同様に環境に依存しないかたちで安定した足場を作ります。自分自身の維持力や自分の存在そのものが安定・着地させているといった意味にもなるでしょう。

　22の数字のキーワードを持つ人は、その人自身が場を支えるような力を持ちます。その人の内部に安定因子が内蔵されているので、多くの人がその人に寄りかかる傾向もあります。落ち着きたい時、その人と話をすると落ち着くのです。不安な、ざわざわした気持ちを見事にクリアにしてしまいます。

　サインの中の22度は、21度のやりすぎをクールダウンして落ち着かせる性質となります。どのサインも21度はジャンプで22度は着地を意味します。サインの中でパワフルなのは、21度、22度、23度の三つです。その中の22度は、サインの一番美味しい強力で安定した度数です。

　サインの完成地点は25度ですが、少し手前にある22度は最後の4でもあり、優れた洗練された4の数字の完成形態を表します。大事なポイントなので繰り返しますが、22度は環境の偶発的な影響に依存しないかたちで、その人自身の持つ力によって着地安定させる力です。豊富な経験によって冷静であるとか、かなり異常な状況でも、全く落ち着いているとか、強い免疫力を持っていたりします。何も気にしていない。そしてのんびりしているということもあります。

♈ 牡羊座 22 度　The gate to the garden of desire.
「欲望の庭へ続く門」

　欲の強さがあり、罠を作るかのようにメリットを自分のところに引き寄せる力を表します。自分が場を作ることで、その中に自分が求めるものが飛び込んでくるように仕向けます。

♉ 牡牛座 22 度　White dove over troubled waters.
「荒れた水の上を飛ぶ白いハト」

　不安な状況の中で自分がどこに行くべきか、どのようなところに落ち着くべきかを模索し、他の人もそこに導く力を表します。

♊ 双子座 22 度　A barn dance.
「田舎踊り」

　21 度で知性の極に向かった結果、とても疲れたため、リラックスしたのんびりした場を作ろうとします。しかし、もともとが双子座ですので、リラックスして無計画な状態で流れに巻き込まれるような性質が強く現れます。決してじっと留まるようなことはありません。

♋ 蟹　座 22 度　A woman awaiting a sailboat.
「ヨットを待つ女」

　理想や憧れを待ち続ける姿勢を表します。その感情が非常に強いため、結果的に幸せな状態や理想的な愛情を引き寄せることになります。求める心が充満性を作り出しています。

♌ 獅子座 22 度　A carrier pigeon.
「伝書鳩」

　21度で精神を高揚させて、戻ってくる時に、その差の成分がメッセージを作り出します。超越意識の実際的な活用法と考えてもよいでしょう。ハイヤーセルフのメッセージという意味でもあります。

♍ 乙女座 22 度　A royal coat of arms.
「王家の紋章」

　仕事能力が非常に発達し、それによって長期安定して続くブランドのようなものが出来上がることを表します。実際的な場での安定した実行力や実務能力を表します。

♎ 天秤座 22 度　A child giving birds a drink at a fountain.
「噴水で鳥に水をやる子供」

　癒しの力を表します。リラックスや落ち着きなど、心を充足させるような性質を持ちます。

♏ 蠍　座 22 度　Hunters starting out for ducks.
「アヒルに向かって進み出るハンター達」

　ざわざわした自分の中の攻撃的な心を落ち着かせるために、遊び的精神で気持ちを発散させることを表します。ガス抜きによる着地。

♐ 射手座 22 度　A Chinese laundry.
「中国の洗濯物」

　自分自身はもともとどこから来たのかというようなルーツを確認し、その結果、自分がどこへ行くべきかがわかってくることを表します。

♑ 山羊座 22 度　A general accepting defeat gracefully.
「敗北を優美に認める将軍」

　表向きの競争や戦争、成果主義的部分では本当の意味での満足は得られないこと、もっと本当の意味での豊かさを見つめながら仕事や社会生活を考えていく姿勢を表します。

♒ 水瓶座 22 度　A rug placed on the floor for children to play.
「子供達が遊ぶために床に敷かれた布」

　普遍的人間を育てるには、自分の中の子供の心を再教育する必要を感じ、実践します。

♓ 魚　座 22 度　A man bringing down the new law from Sinai.
「シナイから新しい法則を持ち降りてくる男」

　地上に未来的なメッセージを新しい法則として持ち込みますが、今までの地上の世界とのギャップ感があるために、それを定着させるために時間をかける人を表します。

II　度数の意味

23 度 （22.00 度～22.99 度）

【跳躍と着地を自由に遊ぶ】

高度に発達した5の性質を持つ23度
偶然に左右されず自由に遊び回る

　23 は2と3を足して5です。基本は5の数字の遊び、冒険性を意味します。30 度のサインの中で5に関係する度数は、5と14と23 の三つです。5は外部に働きかけ、14 は内部に子供を生み出します。23 の場合、発達した高度な5の性質を表します。

　20 度以降の度数はすべて前提に 20 の度数があります。そもそも2の数字とは素材です。とすると、20 は過去や未来に構わず、自由な時間の中からアクセスする性質ですから、そこに古いとか新しいとかはなく、任意の材料を任意の場所から引き出します。

　今日の量子論などを参考にすれば、私達の世界観は 20 の数字に近づいていることがわかるでしょう。つまり、時間は過去から未来に流れるわけではなく、未来から過去に流れてくるものもあるのです。そのように偶発的状況に支配されない中で働く 23 は、5の数字ですので基本的には遊び性を持ちます。

　二桁の数字としての 10 が二つあり、この中で一桁の3が来ます。つまり、3の創造性やクリエイティビティが大きな任意性の場に支えられながら機能します。

　20 以前の本来の5の数字は状況にコントロールされ、自分がやりたいことや遊びは環境の中に既に用意されたものであったか、あるいはサインの5度のように、境遇や環境に阻まれてうまくいかなかったりしました。

盛り上げるのも盛り下げるのも
すべて自分で決めることができる

　マネーゲームは、マネーという社会が用意した機構がないことには遊べませんでした。20の数字を過ぎた後の23の遊びは、こうした決まりきったルールとか機構の制約など全く意に介することなく、応用的に遊びます。

　一桁数字においては創造性の3で、全体の合計としては5。つまり時間の任意性の中で休みなく何か生産しつつ、全体として、その人生は遊びをしているというわけです。

　サインの性質としては21度がジャンプで、22度が着地させクールダウン、23度は21度と22度の両方を行ったり来たりして両方使える状態です。

　獅子座を例に挙げると、21度では羽をばたつかせて飛ぶニワトリ、22度では正確にメッセージを持ち込み着地させるのが伝書鳩です。

　23度では飛ぶ・降りるの両方を行ったり来たりするという意味で「裸馬乗り」のシンボルとなります。生命力や感情を意味する馬を飛び上がらせたり、静かにさせたりすることを自由自在にやっていきます。例えば、状況が盛り上がっているから状況を冷静にさせる、全体が静かだから盛り上がるようにするといったように、たいていの行為は、状況を片割れに選ぶことで行為が始まります。

　23の場合は、盛り上げるのも盛り下げるのもすべて自分で決めるといった意味になります。自分で広げておいて、自分で片づける。状況によってするのではないのです。そのような自由性は良質なものを生むことになります。芸術家であれば、市場の要求には振り回されないで、自分で進化します。自分で作ってみて、ここが悪いと思ったら、自分でそれを改良します。加速限界と減速限界を自ら決定します。

23度にはユーモアがあり
どんなに困っている時にも笑いと遊びの精神がある

　数字は数が少ないものほど根源的・始原的です。それは具体的な状況の中で状況や立場を理解して何かするというよりは、それ自身の性質に衝動的です。

　しかし、数字が増えていくにつれて、性質は複雑化し、自分の置かれた状況

の中で環境そのものを巧妙に活用するようになってきます。また、解釈も考え方も複雑になってきます。

23度の度数に対して私はよく講座で「いいとこどり」という言い方をします。何か前進する時には、そのまま直線的に行動するよりも、一歩前進し、少し戻りまた前進するという行為の方が目的をスムーズに果たすことができます。

運動能力からいえば、無理な運動をし、その後少し休めて、また同じように動くと、そのままずっと同じ運動を休まず続けるよりも強度も耐久度も高くなり、より能力が高まります。それは超回復という作用があるからで、破損した組織を立て直し、その時に、同時にもっと強化しようとする働きが関与するからです。

射手座の例で最も端的に現れますが、どこか目的を達成する時に、まずは全身全霊で取り組む21度があり、次に自分の立場を思い出し、足場を固める22度があります。そしてまた前進する。これを繰り返すことで目的を確実に果たすことができるので、これは勉強法などにも適用されます。もちろん射手座は勉強などに一番縁の深いサインです。緊張と弛緩が交互に繰り返されると、消耗はしないですみます。

23度は、そのように21度の突進力と22度の足場を固める作用を交互にリズミカルに活用しながら確実な達成をしていき、なおかつそこには余裕や洗練度も加わるので、要領の良さやスマートさが感じられます。そこからすると、同じ5の系列である5度の無謀さや14度の純粋さに比較して、応用力の高さが強い特徴となるのです。

23の数字はどこでも似ていますから、あなたの23歳の時の出来事なども思い出してください。23の数字の特質が得意な人は、23歳の時にその性質を上手に発揮します。その頃が一番良くなかったという人は、そもそも23という数字そのものの使い方に慣れていないのです。

また進行天体は、太陽がおおまかに1年に1度、月がおおまかに1ヵ月に1度進みます。ですので、太陽の進行では30年ごとですが、月の場合には、2年半ごとくらいに、この23度の体験をします。

習得したサインの能力、目的、性質を応用的に楽しく活用していくという機会が訪れる時です。生産的であり、応用的で、それでいて基本は遊びとして取り組むということです。

23度にはユーモアがあり、どんなに困っている時にも余裕があります。

♈ 牡羊座 23 度　A woman in pastel colors carrying a heavy and valuable but veiled load.

「重く価値があるがベールに隠された荷を運ぶ女」

　攻撃型の 21 度と受容型の 22 度を組み合わせて、自分で発案して自分でその成果を生み出すことを表します。男性的要素と女性的要素をどちらも持っているため環境依存することがありません。やればやるほどレベルが上がって、自分の生産物が成長していく性質。

♉ 牡牛座 23 度　A jewelry shop.

「宝石店」

　自分の古い資質を現代的に生かして結晶化することを表します。映画でも神話的世界を今の時代にフィットさせて作り直したものがあります。宝石は何億年もかけて作られているもので、それをカットし今風にして店に並べているのです。

♊ 双子座 23 度　Three fledglings in a nest high in a tree.

「木の高いところにある巣の中の3羽の雛」

　自分の中の活動の質の良い部分とそうでない部分を自分で分類し、エッセンスにもっと集中的に取り組むことを表します。たくさん情報を扱っているうちに、その中で本質的な要素が生まれます。体験の中で分類が進み、質の良い知的活動ができることになります。

♋ 蟹　座 23 度　Meeting of a literary society.

「文学会の集まり」

　文明や文化、共同体などに対して、柔軟に批評する力が生まれます。それは文化を遊ぶことで育まれます。この人から意見を聞きたがる人がたくさんいます。

♌ 獅子座 23 度　A bareback rider.
「裸馬乗り」

精神のジャンプ、着地を遊ぶ。危険なものにも挑戦したい冒険心があるため、ぎりぎりすれすれのところまで行きます。

♍ 乙女座 23 度　An animal trainer.
「動物のトレーナー」

仕事で、若い人などを訓練する中で、無駄をそぎ落とした有意義なものが生まれます。仕事としてやってはいますが、その中に遊びがあります。訓練はスポーツでもあるのです。

♎ 天秤座 23 度　Chanticleer.
「オンドリ」

時間の流れや人の渦、世の中の状況の流れ、そのようなものを上手に遊ぶことを表します。良い状況がやってきた時に、その流れにスムーズに乗る機敏な能力です。

♏ 蠍　座 23 度　A bunny metamorphoses into a fairy.
「妖精に変容するウサギ」

荒々しい遊びを繰り返す中で、洗練されたエッセンスを作り出す力を表します。そのためには、おびただしく無駄な遊びをすることもあります。

♐ 射手座 23 度　Immigrants entering.
「移民が入国する」

　自分の望むところに向かっていく状態です。前進し後退しまた前進する。ある目標に行こうとしたら、この姿勢が必要です。

♑ 山羊座 23 度　Two awards for bravery in war.
「戦争での勇敢さを称える二つの賞」

　社会的仕事面での競争力と同時に、より高められた活動もしていきます。「悪貨は良貨を駆逐する」という言葉がありますが、この人は競争の中で質の高いものを作り出せるのです。

♒ 水瓶座 23 度　A big bear sitting down and waving all its paws.
「座ってすべての手足を振っている大きなクマ」

　自分自身の動物的本能的領域をコントロール。本能的要素や無意識的要素が放置されていると、それに翻弄され、本当の意味で楽しむことはできません。もっと自由になるために訓練しますが、訓練は同時に遊びです。

♓ 魚　座 23 度　Spiritist phenomena.
「精神主義的な現象」

　スピリチュアルで精神的な力を、より物質的な場面で生かすこと。精神が介入することで、物質的なところは軽く自由になります。ある程度心霊的なものに関心を向ける人が出てくるでしょう。

24度 (23.00度〜23.99)

【限度なく深入りする】

合わせ鏡によるたくさんの鏡像
24度はどんどん深み入っていく

24は足すと6です。6の数字の意味は六角形の構造を元に考えるとよいでしょう。サインの30度の中では、この6に関係した数字は6、15、24の三つです。

単純な6は外からの要求に応えるという意味で、15は奇数のため6とは反対に、要求に応える者がいるのならば、要求する側になってもよいのではないかという姿勢。

24度ではこの両方の性質を取り込むことになります。自分で押しつけて成果を受け取る。この繰り返しを反復することで底なしに深入りします。鏡を合わせた時に、鏡像がたくさん複製されるシーンをイメージするとよいでしょう。

20度以降の数字は、偶然性や状況に振り回されずに望んだものを引き寄せる力でした。そのため、素材や鉱脈のありかは、この今の私達の狭い時間と空間の範囲だけでなく、もっと広範な潜在的な領域に及びます。

初めは慣れなくても、繰り返していくうちにどんどん深入りして、初めの頃には想像もつかなかったようなところに至ります。まさか自分がこんなところまで来るとは想像もしなかった。しかし、人間のリアリティは少しずつ変化しますから、徐々に深入りした場合には、トータルで全くのところ、想像を絶するところまで行ってしまうのです。

通常の6とは、自分の三角形に対応する受け手の三角形は環境とか異性などです。それと自分の関係で成り立つので、いったん六角形が形成されると相手に縛られてしまいます。15でも同様です。ところが24では、送り手も受け手も自分で設定できるので、興味があることにどんどんエスカレートし続けて、底なし沼のように限界がなくなります。

もし、次の25度でストップをかけないのならば、異常な状況になります。

どこまでも深く進んでいくが
それ自身が壊れることはない潜水艦

　10と10でできた柱の中に小さな一桁の4があり、それは自由時間の領域で、それ自身の安定した場である4の数字が成り立っています。そうであるにも関わらず、トータルにはフレキシブルに変化する6の性質ですから、柔軟に変化し、深入りしながらも、本人の姿勢としてはいつも決まっているということになります。

　そしてどんどん進みながらも、本人としては確信があります。どこまでも進んでいくが、それ自身が壊れることない堅い金属でできた潜水艦のようなイメージで考えてもよいかもしれません。

　活動サインでの牡羊座と天秤座は、日常意識の限界を打ち破って、非日常空間・異次元に接点を持つことも多くなります。それはあっと驚くような体験をするかもしれませんが、しかし本人が崩れることはありません。むしろ崩れないから、限界点がないといえるのかもしれません。

　サインの場合、24度は留まることがなく、何かを探求するのならば、そこに限界点を設定しません。考えるのならば、いつまでも考えます。射手座の場合、自分の思想や考え方が決まっても、それでもさらに、新しい見解に対しては受け入れ態勢があり、検討する余裕があります。反対意見であっても聞く耳を持っています。この柔軟性は驚くべきなのです。

意識の壁を突き抜けてサインが持つテーマの
さらに奥深くへと追求する24度

　個人的に思うことは、24度はどのサインでも限界の壁を超えて、その先にエスカレートしているという点です。他の人から見ると、それは時にはアブノーマルに見えるかもしれませんが、24度の天体を持つ人本人はそれに慣れているので、平常心を保ちつつ、取り組んでいくことが多いといえます。

　反対に、24度の人は壁を超えたところまで行かないと、何かをしたという実感はないことでしょう。合意的現実とか、また一般的な通念とか、繰り返される決まりきったもの、これらが意識の壁を作ります。この壁は悪いことでもなく、むしろ人の生活を安定して支えるバッファのようなものです。

Ⅱ　度数の意味

しかし、24度の人は、その壁を突き抜けて、サインのテーマをさらに追求することに大きな楽しみを見出します。そして限界を超えたものというのは、壁に依存する多くの人々からすると、常に何かしら異常に見えることも事実です。24度の人に対して、そこまでするのか、という驚きを感じることが多いでしょう。

　例えば風・柔軟サインの双子座は知性のサインです。24度の双子座の性質は、aはbに似ている。bはcに似ている。だからaとcは同じである、という論理なども使ったり、ちょっとした兆候を拡大して、まさかと思うような方向に話を転じていきます。どんなことだって想定できる。白を黒ということもできるのです。

　そこに多くの人は不自然さを感じますが、しかし双子座という性質においては、誰もが感心せざるをえないような能力を発揮するのは間違いありません。

　牡牛座は土・固定サインですから、身体の持つ潜在力をぎりぎりまで発掘します。この時、24度は本来は手をつけてはいけないような脳の奥の作用にまで手を伸ばし、そこから強烈な生命力を引き出します。それは生存の危機に遭遇しないことには発揮されない能力などにアクセスします。火事の現場や事故の場所などに行かないことには刺激されないと思う人は、そういうことに関係した仕事に就くでしょう。そして瀬戸際でないとスイッチの入らないものをオンします。

　壁を超えた時に、何らかの反応とか状況の変化が生じますが、それを受けてさらに次に進むという、六角形の持つ、相手によって自分の態度を変えてしまうという性質が利用されているわけですが、判断の基準点がそこにあるということからして、この24度の持つ性質は歯止めがなく、どこまで行っても自分から停止することはないということが考えられます。というよりも初めの壁がなくなってしまうと、どこまでも壁はないので、止める理由がないのです。

　話好きな人は「そろそろここで」と終わりかけた時に、相手が何か一つでも質問したりすると、また座り直して話し始めます。自分の欲求に忠実な人は、話をするということが優先順位が一番高いので、ある程度は他のことは犠牲にしても構わないと思っているかもしれません。それに自分が話していることで、さらに次のアイデアが生まれ、その行為がその活力源となっています。

　24度はサインの可能性をどこまでも果てしなく追求するということに、大きな価値づけを感じているので、他に明確な理由がないかぎりは、それを止めたりはしません。自分がいて、行為の一つとして何かをしているのではなく、その何かをし続けていることが、自分を生かしているという面もあります。

♈ **牡羊座 24 度** An open window and a net curtain blowing into a cornucopia.

「風が吹き豊饒の角コーヌコピアのかたちになる開いている窓」

ありあまる生命力が異次元方向にまで向かうことを表します。個人の人格の外側にある無意識領域に自分の意思を投げかけることで反応が返ってくる状態です。

♉ **牡牛座 24 度** An mounted Indian with scalp locks.

「ウマにまたがり骸骨の締め具をつけたインディアン」

人間の脳の中の本能的領域、通常の人が手を出さない虫脳といわれる部分まで刺激することで踏ん張りや力強さが生まれ、セキュリティ能力や防衛力が高まるでしょう。

♊ **双子座 24 度** Children skating on ice.

「氷の上でスケートをする子供」

知性の遊びが限界を超えていきます。正当性がなくなり詭弁のような状態になることもあるでしょう。考え方や言葉を遊ぶことを表します。どのような話でも作り出すことができます。

♋ **蟹　座 24 度** A woman and two men on a bit of sunlit land facing south.

「南に向いた太陽に照らされたところにいる女と2人の男」

理想の共同体や愛情を実現するための閉鎖的な集団作りを表します。純粋な対人関係が進んでいくことになるでしょう。

Ⅱ　度数の意味

♌ 獅子座 24 度　An untidy, unkempt man.
「身だしなみの整っていない男」

獅子座の表すクリエイティビティや高揚感を、なりふり構わず徹底して追及する姿勢を表します。創作において強烈なパワーが生まれ、諦めることがありません。

♍ 乙女座 24 度　Mary and her white lamb.
「メリーと彼女の白いヒツジ」

素朴で素直な感性が持つところの奉仕的精神。無理強いしなくても、自然に協力関係が生まれてきます。ヒツジを集めたのでなく、ヒツジは集まってきたのです。

♎ 天秤座 24 度　A third wing on the left side of a butterfly.
「蝶の左側にある3番目の羽」

受容性の高さが限界を超えていて、リミットなしに巻き込まれていく性質を表します。侵入される性質が半端ではないことも。

♏ 蠍　座 24 度　Crowds coming down the mountain to listen to one man.
「1人の男の話を聴くために山から下りてきた群集」

精神的に発達したエッセンス要素を、実際の生活の中に生かすために日々の繰り返しによってかたちにする力を表しますが、どこが節目かはわかりません。

♐ 射手座 24 度　A bluebird standing at the door of the house.
「家のドアに留まっている青い鳥」

　ある程度安定した境遇や立場ができても、それでもなおかつ他の人の意見に柔軟になる姿勢を指します。いつまでも守りに入らない柔らかい頭という意味になるでしょう。

♑ 山羊座 24 度　A woman entering a convent.
「修道院に入る女」

　社会の中にある優れた伝統や精神文化に深入りする状況を表します。伝統には底がありません。

♒ 水瓶座 24 度　A man turning his back on his passions and teaching from his experience.
「情熱に背を向け自分の経験により教えている男」

　人に対しても自分に対しても、訓練することによって自分の中の構造が変わっていくことを表します。人間の理想像、そこに向けて自己訓練します。それは果てしのないものがあるでしょう。自然体で放っておくことがありません。

♓ 魚　座 24 度　An inhabited island.
「人の住んでいる島」

　宇宙の生態系の中で人間の正しい位置づけを探していくこと、人間とそうではない生命体の調和的な関係の本来の地図を再現しようとする欲求。試行錯誤には終わりがありません。

Ⅱ　度数の意味

25 度 （24.00度〜24.99度）

【完成した結晶】

サイン単独の完成度という点では 25度がピークとなる

　25は2と5からなり、足すと7の数字の法則に従います。7の数字は落差のある2点の間に、七つの階段が生まれます。2点間の落差の中に一つのコスモスがあり、それが内部的には七つの構造を持っています。

　7は伝達の法則ともいえるでしょう。

　また、25は5×5を表します。人間の形は五角形を象徴するといわれています。人間のセンターには性センター・動作本能センター・感情センター・思考センター・高次感情センターといった五つの要素があります。それが調和的に集まると、人間は損なわれることのない結晶化をするといわれます。五つのセンターがそれぞれ独自の力の五角形を持つと5×5に。その人は完成した状態で閉じていき、環境に依存しなくなります。この状態になる前までは、人間は何かの付属品であると考えます。条件つきで生存可能なのです。

　サインは25度で完成し、残りの5度は次のサインの調整のために活用されていきます。次のサインはあまりにも性質が違いすぎるので、調整がないことには接続できません。サイン単独の完成度という点では25度がピークになります。例えば、料理を作るという時、実際に料理が完成するのは25度の段階で、それがお客の前に出されるのが、26度以後と考えてみましょう。

　この25度は自給自足的で、自立的動きをする特徴があります。それぞれのサインにとって、自分で自分に片をつける、自分から初めて自分で結論を手に入れて進化する独立性を発揮します。

　閉じている場合はそこで衰退することになりますが、25の度数にはそのような性質はありません。必要なもの、栄養素は外から取り入れて新陳代謝します。自立的新陳代謝運動がまとまっているといった性質が強いでしょう。

自分で仕掛けてその成果を受け取るだけでなく
さらに改善と前進をしていくことになる

　単純な7は「戦車」のタロットカードに対応し、それは目標に向かって邁進することを表します。水が高いところから低いところへ流れるように、落差のある一方向に走るのです。

　その次の7は16で偶数です。飛び出す戦車の馬である攻撃力が、自分自身に向かうために内部崩壊が起こります。その破壊が「塔」のタロットカードで現れています。25度は奇数ですから、外に向かって働きかけますが、基本的に3番目のものは1番目と2番目のものを配合した性質です。外に進んでいく、そのエネルギーが自分に向かう、その両方を持っています。

　戦車のカードは、外に向かって積極的に働きかけるだけで自分を省みることがありません。そして、16度はそのエネルギーが自分に向かうため、自分の中で変化が起こります。この両方を合わせ持つ25度は、外に働きかける、自分に働きかけるという両方を持っているため、それが先ほどいった自立的運動性、自分で仕掛けてその成果を自分で受け取って、改善し、さらに前進することになります。

　もし16の塔のカードが脱皮という意味ならば、必要な時に自分で勝手に脱皮、新陳代謝しながら生きていく生物であるかのようです。ほとんど誰にも依存しないのが強い特徴です。自分で出したものを自分で食べているような要素もあるでしょう。

　7の数字がベースにあるということで、とても行動的です。行動的であり自立的であるために、外に依存せず、ある程周囲に無関心でもありながら、働きかけ能力の高い性質となります。

　集団社会を意味する蟹座と山羊座においては、文化や文明が腐らないように、適度に外界の文化を取り入れ、リニューアルします。そのタイミングが絶妙といえます。

一つの5が過剰になると他の5の働きを圧迫し
特定の5の性質を必要以上に増やさないようにする働き

　外界に対して無関心に見えて、その実開かれているということは、例えば助けてほしいといわれれば助けるが、依頼されない限りは助けないということもあるでしょう。多くの人は、依頼されなくても困った人がいると助けるはずです。しかし

それは必要のない行為であることも多く、結果的に、人の邪魔をしていることになる傾向もあります。助けているふりをして邪魔をする。これはよくあることですが、自分を外界に押しつけているからです。

そして押しつけているというのは反対もいえるので、その人はとても依存的です。依存的な人は、人に押しつけもするのです。

25度はそのような性質が限りなく希薄であるか、あるいは成長した段階で、そのように自立的になることが多いでしょう。依頼されれば助けるが、そうでない場合には助けない。それは相手を尊重した姿勢であることが多いはずです。相手を尊重しているというのは、自分を尊重しているからできることでしょう。自信があったり、満足できたりする人ならば、そのようなこともできるでしょう。

今日の文明は資産を備蓄することで、自然界を破壊しているといわれます。必要のないものを備蓄するというのは、例えば、食用として必要な分量を超えて牛を殺し、その肉を備蓄するということもいえます。だぶついたものは廃棄しなくてはなりません。

25度は自分に必要なものは自分で取ってくるという性質が強いのですが、必要でないものまで手に入れるという性質は少ないかもしません。人体において、不要な備蓄には、例えば、過剰な内臓脂肪などもあります。今日、多くの人が食べすぎで、過剰な内臓脂肪を蓄積しています。これは社会の構造が、そのまま個人にも投影されていると考えてもよいかもしれません。

5×5＝25の性質は、一つの5が過剰になると、他の5の働きを圧迫するということがあるために、特定の5の性質を必要以上に増やさないということもあると思います。その加減の判断は、これもまた自分の経験とか、自分の推理や考え方、生き方によって決められます。いずれにしても、そうやって自立的に振る舞うことは、人間としてナチュラルで、また今の生活に満足できる条件を満たします。

25度の度数を持つ天体は、その所属するサインの性質のすべを持っています。それは完成度の高い結晶のようなものです。何かの部品でなく、それ自身でオールインワンの性質です。そのバランス感覚については参考にするものがあるでしょう。またそこにまで達成していない人も、いずれはそこに向かうことになるでしょう。

♈ 牡羊座 25 度　A double promise.
「二重の約束」

　実際的な面と別次元の接点の両面を持っているため、その両方からものを考えていくことを表します。多重的意識、そのようなものが働いています。常に二つの間の落差の活動が起きることになります。未知の領域と実際現実との間を行ったり来たりするのです。

♉ 牡牛座 25 度　A large well-kept public park.
「大きく手入れの行き届いた公共の公」

　自分で稼いだものが文化に貢献することを表します。個人的欲求が全体に貢献する、その循環形態の中で安定した豊かな生活を手にすることができます。

♊ 双子座 25 度　A man trimming palms.
「パームの枝を刈る男」

　24 度で知性の可能性を模索しましたが、無駄が増えてしまい、それを刈り取っていく様子を表します。仮説を作って、自分で刈り取っていくのです。

♋ 蟹　座 25 度　A dark shadow or mantle thrown suddenly over the right shoulder.
「右肩越しに突然投げられた黒い影または外套(がいとう)」

　ローカルな共同体は閉鎖的になりやすい。適度に外部の影響を持ち込むことで、共同体は進化します。その助けになる人の登場を意味します。

♌ 獅子座 25 度　A large camel crossing the desert.
「砂漠を横切るラクダ」

その人の究極な状態、最も重要で最も極限的なものへ向かう姿勢。そこに向かうために生き延びる技術を兼ね備えています。用意や準備を全部自分でする人となります。

♍ 乙女座 25 度　A flag at half-mast.
「半旗として掲げられた旗」

個人として実務的にできる限界点を見極めて、自分にできることとできないことのラインを理解しています。できることに関しては誰にも依存せずにきちんとやっていきますが、できないことに関しては自分では無理と理解しているため、頼りになるものを探します。このような人は、自分も人も混乱させることがありません。

♎ 天秤座 25 度　Information in the symbol of an autumn leaf.
「秋の葉の象徴が伝える情報」

見えるものの現象の中には、見えるだけでは説明できない原理が働いている、根本的な宇宙原理、それと現象は常に二重的に働いていることを意識します。偏った一つの考え方には固まらないことを指しています。一つの言葉や解釈で決めつけることがないでしょう。

♏ 蠍　座 25 度　An X ray.
「X線」

根底の部分まで見通す力を表します。何かを考える時に、原因は何かということを徹底して考えていくことになります。原因から結果までを常に意識することになるでしょう。

♐ 射手座 25 度　A chubby boy on a hobby-horse.
「玩具のウマに乗っている小太りの少年」

　精神実験や思想的なものは現実の適用サイズにはあまり関わらないので、自分の手元の小さな範囲で模擬的、ゲーム的に扱っていく姿勢を表します。周りに迷惑をかけない。

♑ 山羊座 25 度　An oriental-rug dealer.
「東洋の布を扱う商人」

　異質な文化やよそにある文化を取り入れることで共同体が新陳代謝を起こすことになります。一つの共同体や社会や国家は、元を辿るとあらゆる世界のものを持ち込んでいることに気づきます。それによって、広い伝統や蓄積されたものを上手に利用することを表します。

♒ 水瓶座 25 度　A butterfly with the right wing more perfectly formed.
「右の羽がより完全に形成されている蝶」

　心身のすべてに対しての意識的な管理と発達によって、理想的な人間像を形成しようとします。それは時代の流行には全く振り回されない、客観性を持ちます。

♓ 魚　座 25 度　The purging of the priesthood.
「聖職の浄化」

　見えないものの影響は見えないからといって適当に扱ってもよいと思われることもあるでしょうが、実際には、その見えないものが多くの人の精神や感情に影響を与えているのです。見えない部分に関しての几帳面な管理力を表します。見えない世界に対しての浄化力と結晶化。

II　度数の意味

26度 （25.00度〜25.99度）

【完成したものを味わう】

25度で完成したサインの成果を
まず初めに味わうのが26度

　26は2と6からなり、2と6を足すと8の数字の系列です。8は圧縮・固める性質があります。

　30度のサインの中では8、17、26の三つが8に関係します。単純な8は力を集中させたり圧縮したりします。17は奇数のため内部で溜め込んだものを定期的に放出します。26はそれらの両方の良いところを取ります。余分なものを素通しして、自分にとって有益なエッセンスのみを集めます。ということは、恩恵を受ける、特別扱いされる、えこひいきされるところにも結びつきます。

　得を自分のところに引き寄せて受け取る資質があり、良いものだけをもらって味わいます。その様子を周りの人が見てずるいと感じるかもしれないような特別扱いを受ける状態です。

　20度以降の数字はすべて20の影響を受けますから、偶然性に支配されないところでメリットを受け取ることにもなります。

　占星術では8は蠍座や8ハウスに関わり、遺産やもらいものを表します。ここでは、家族からしかもらえないといったような関係性の縛りがあります。20の数字を超えた後の26は、環境の縛りがなく、特定の人々や環境などの条件に振り回されません。

　サインの場合、25度でそのサインは結晶化し、そのサインの完成形を見ます。それをプロダクトとして考えると、工場で完成した製品が25度で、その製品を味わうのが26度にはあります。例えば、製麺所でうどんを作った時に、出来立ての一番美味しいところをそこで作った人達が試食する。このように作ったものをまず一番初めに味わうような状態を指します。

基本的に上から下に降りてくる恩恵を
受容的に受け取る性質がある

　サビアンシンボルの特徴としては 26 度の共通点は、上から下に降りてくる恩恵を受け取る性質です。半分以上のサインの 26 度が、上空から受け取るイメージを伴います。乙女座であれば啓示を、山羊座であれば文化の産物を受け取ります。

　積極的に自ら取りに行くというより、基本的に受容的に受け取ることを指します。25 度は完成形態ですから、受け取ったものはとても高級なものなのです。そういう意味で 25 度とセットになっていると考えることもできるでしょう。

　また、25 度がちゃんと確実にできているのかどうか、テストするという意味もあります。双子座の 26 度は、冬の中で、葉を全部刈り取られた樹のイメージですが、それは 25 度のパームツリーの剪定が行き過ぎた結果と見ることもあります。知性においては、余分な枝葉を切り落とし、どこまで無駄を省いていくことができるのか、チェックしている面があります。整理しすぎれば最後には樹が成立しません。この限界点を見極めるのです。したがって用法として否定を使います。あらゆるものを否定して、何も残らないくらいにしてしまうのは、禅とかヨガにはありますが、これは双子座の 26 度の姿勢なのです。最後に飾りのない生命が残ります。

　射手座ならば、あらゆる反対意見をぶつけても、自分の基本的な思想はびくともしない。この力強さを確認するために、反対勢力が議論をふっかけてくるのを歓迎します。

　双子座と射手座の説明を読むと、無駄を省くことに大きな力がかかっていますが、たいていの 26 度はむしろ受け取るという豊かさが強調されています。すべて得ることに関係しますが、双子座も射手座も最も重要なものを得るために、余分なものを取り除いているのだと考えましょう。

それまで形成してきたサインのエッセンスを味わい
同時に次のサインの予感も受け取っている

　26 度以後、30 度まで、次にやってくるサインへの準備のために、調整をしようとします。たいていの場合、次のサインとのギャップは大きく、いきなり切

替えるのは不可能なくらいショックがあります。

　火の元素は土に閉じ込められ、土の元素は風に風化され、風の元素は水に圧縮されます。この落差を調整しようとして、最後の5度が活用されるのです。

　サインの30度を5度ずつの6つのグループに分けるのはルディアの考え方ですが、この場合、25度までは五角形が形成されます。それはサインの特質の発展です。しかし6番目の5度グループとなると6という数字が六角形に関係づけられ、そして六角形は三角形と三角形の連結ということで、他環境との関わりに見えるように、次のサインとの結合に活用されていくことになるのです。

　26度以後は、次のサインとの関係性の中で特徴が作られていきます。となると、26度の性質の中に、次のサインの良さを感じさせるビジョンが混じり込んでいるはずです。それは次のサインの味見ともいえるもので、試乗した後に買うかどうか判断するように、次のサインの良質なものが提示されることになるでしょう。

　例えば、乙女座の26度では、自分では全く何の判断もできないまま、宗教の弟子入りをした若者は、それまで体験したことのなかったような啓示を感じ取ります。自分でそれを引き寄せることができず、ただそれを受け入れるしかありません。しかし、それは乙女座という人格に部分化された自我では決して体験することのない拡大された体験であり、それは天秤座に向かうことで初めて味わうことのできる風の元素の体験です。その結果、乙女座で形成されてきた閉鎖的な人格を手放すことの決意をします。

　このように考えてみると、26度は、それまで形成してきたサインのエッセンスを味わうと同時に、そこに次のサインの未来的な予感も受け取っていることになります。例えば蟹座では、贅沢な書斎で贅沢な文化の生産物や教養などを味わいます。ここには蟹座の良い文化というエッセンスを受け取っているのですが、同時に、特権階級的な体験をしていきます。多くの人に公平ではなく、むしろ少数の仲間だけで、セレブ的な体験をしようとします。それは蟹座的というよりは、むしろ獅子座の欲求も混じっていることになります。

　その点では次のサインの視点によって切り取られた、蟹座のエッセンスという見方もできるかもしれません。もしここで獅子座的な視点が入ってこないのならば、自分と自分の仲間だけが高級なものを味わうのだという選民的な考え方は作られることはないでしょう。

　いずれにしても26度というのは、良い成果を受け取ります。

♈ 牡羊座 26 度　A man possessed of more gifts than he can hold.
「持ちきれないほどの贈り物を所有する男」

神秘的直感があり、異次元との接点を持って活動するため、まだかたちになっていないアイデアがたくさんあります。それを実際に仕事や活動に落とし込もうとします。膨大な種を持っていることになります。

♉ 牡牛座 26 度　A Spaniard serenading his senorita.
「恋人にセレナーデを歌うスペイン人」

自分の芸術的才能や五感的技能を磨くことで、より優れたものを引き寄せることができる状態を表します。またそれによってチャンスをつかみます。

♊ 双子座 26 度　Winter frost in the woods.
「森の中の冬霜」

ある種の逆境状態の中での活動を表します。何もないようなシンプルな状況、そのようなものの中で自身の耐久力を試すようなところがあるでしょう。つまり、過酷な状況であればあるほど、本人は喜ぶことになります。

♋ 蟹　座 26 度　Contentment and happiness in luxury, people reading on davenports.
「豪華さに満足と幸せを感じ、長机の上で読書をする人々」

文化の中でのエッセンス、贅沢なものを味わうことを指し、セレブ的度数といえます。

♌ 獅子座 26 度　A rainbow.
「虹」

自分自身の使命が天から来た啓示によって、はっきりとわかることを表します。

♍ 乙女座 26 度　A boy with a censer.
「香炉を持つ少年」

自分で理解できないことに関して啓示が得られることを表します。自分の判断を放棄したところで初めてその啓示は生まれるでしょう。この放棄は 25 度で確立されています。

♎ 天秤座 26 度　An eagle and a large white dove turning one into the other.
「互いに入れ替わるタカと大きな白いハト」

理解したものが意思になったり、意思が理解になったりと、柔軟な精神作用を表します。理解が降りてくると考えてもよいでしょう。

♏ 蠍　座 26 度　Indians making camp.
「キャンプを作っているインディアン達」

秘密の知恵を解明することで、過酷な状況の中でも突破口を見つけ出すことができる力を表します。そのような洞察力、理解する力を試したいので、何の助けもないようなところに身を置きたい。

♐ 射手座 26 度　A flag-bearer.
「旗手」

　思想面において自分の考えにもっと自信を持つために、反対意見の人や対抗勢力がぶつかってきてもそれと戦いながら自分の力を強める姿勢を表します。

♑ 山羊座 26 度　A water sprite.
「水の妖精」

　伝統や歴史の中で積み重なってきた良質な文化を味わい、その路線にそって芸術的文化的な能力を発揮し堪能する人を表します。

♒ 水瓶座 26 度　A hydrometer.
「水圧計」

　自分で自分を改造し調整した結果、まるで自分が正確な機械になったような。自分自身の感性を、正確な測定器のようにとらえて自分を信じます。判断しようのない見えないものを相手にしているのは、いつもの通りです。

♓ 魚　座 26 度　A new moon that divides its influence.
「影響を分割する新月」

　他の人と混同せずに、自分自身の本当の意味での運命や個性、自分の生きる道を明確に意識してその結果を受け取ることを表します。スピリチュアルな部分での混同を多くの人はしがちですが、この度数の人はそれをせずに自分自身の方向づけを明確に理解します。その恩恵を受け取ることになります。

27度 (26.00度〜26.99度)

【努力によって上昇する】

精神的探求力と手元のものを探す力が組み合わさり両立する27度

27の数字は2と7を足して9です。9は9、18、27の3種類があります。

タロットカードでは9は「隠者」のカードが描かれ、探求する性質が現れます。それはサインの射手座や9ハウスでもわかるでしょう。

18は下にあるものや内面にあるものを探す姿勢でしたが、27の場合はこの精神的探求力の9と手元のものを探す18が組み合わさり両立します。探求することで自分が変わり、状況が変化する作用を持つのです。

もちろん、27も20の数字を過ぎた後の9の属性となります。

26度は味わう、または受け取ると説明しましたが、27度は自分から努力して取りに行くことになります。26度では特別扱いをされて、その中で受け取ったり味わったり堪能しましたが、27度では自分が求めるものを手に入れるために集中力を発揮してよじ登るような力を発揮します。

代表例として、山羊座の27度「山の巡礼」を考えるとよいでしょう。山を上がることの厳しさを踏まえて上昇していく性質です。天秤座ならば、上空に上がる飛行機で、身近なところに迎合せず、統合化の能力を高めます。

サインの極限の状態に行くことで次のステップへの抜け道に近づく

9には上昇する性質が備わっています。9番目のサインの射手座は、火の柔軟サインで進級・ステップアップ状態を指します。それと同じく、27度は努力によって自分の状況をレベルアップさせることになります。

27は求道精神が表れます。また、27度となると、サインの終わりに近づく

ため、サイン体験の中で高められたもの、極限の状況を追い求めることになります。今までのサインの経験のエッセンスを集めて、さらに次に行こうとします。

次の28度はサインの脱出口や新しい方向性の発見です。27度がよじ登ることによって、抜け道に近づくのです。27度はサインが持てる能力の総決算によって探求するので、ぼーっとしていて手にできるわけではありません。身近なところ、縁の深いところから遠ざからなくては、その視野を手にいれることはできないのです。

フォーカスを身近なところから切り離すことで、より統括的なところに向かっていく必要があります。それによって自分の置かれた状況が見えて、向かうべき方向がわかってくるのです。

28度を穴とすると、その穴の淵といえるでしょう。それにはそれ特有の危険な状況も考えなくてはなりません。不注意だと転落するというのは、例えば、蟹座の27度に現れます。平和は努力しないことには維持できないのです。

それぞれのサインの行き着く果てには空無と次のサインの明確なビジョンが見えてくる

27は9の3倍数で、そもそも3は生産性や創造力、生み出すことを意味していましたから、生み出すことで、9の数字の意味する探求や旅、統合化などが進んでいくことになります。

また、3の数字は自ら加速するという性質も加わります。そのため、探求力は自分のエンジンをかけて、加速をつけることで、どんどんとラジカルになっていきます。

天秤座の27度は視点を拡大していくことで、一人ひとりの対人関係に構わなくなっていき、つまり個人にはもうあまり深く関わらないということで、その分、多くの集団的なものを内包する国や文化、文明などに興味を向けます。そこでは、一人ひとり個人の違いがよくわからなくなってきます。誰も彼も似たような人にしか見えないのです。日本人はみな同じ。なら日本人を知りたいのならば一人の日本人を知っておけばよいだけ。

個人に深く関わると、この日本人という集団的な色が見えなくなり、もっと狭いフォーカスに陥ってしまいます。小さなものに陥らないように努力を必要とし、

また視点を大きくし続けることは、自身の中でも自分の個人的な考え方に過剰に肩入れしないということが必要です。
　これら高所から見るように視点を維持するには強い集中力と努力が必要です。疲れたり、力を失ったりすると、私達はより低い場所や身近なところ、肉体に近いところ、地面に近づきます。そこでは目前にあるものしか認識できなくなるのです。そしてやがて月の食料になります。
　エンジンをかけて乗り物に乗るように、そしてそれがますます加速すると、やがては飛行機になるように、視点は大きくなっていきます。この加速は、例えば創作するとか、仕事するとか、あるいは時には、言葉通り、走り続けるということも参考になります。歩くのではなく、走ることは、身体の中にある動作・本能センターとしての高次の中枢が刺激され、細かい感情にこだわったり、こだわりすぎた挙句に鬱病になったりする精神から開放され、より大きな視点に入ります。
　ただリラックスして大きな視点に入るということはありえないことなのです。27度は、加速するために何らかの努力をし続けること、高める行為が伴います。それは山羊座の27度に見られるように、苦しい努力を要求されるということもあります。私達は力を抜いて、リラックスすることだけで、高められた意識に入ることはありません。むしろ集中し、努力し、そしてまた力を抜きという繰り返しの中で、手に入るのです。なぜなら、その人の存在の重心というものがあり、力を抜いてリラックスした時には、その存在の一番バランスの取れた、その存在に最もふさわしい重心に落ち着くのですから、向上するということができるわけではないのです。
　27度は向上心であり、それは今までの自分の重心に落ち着くことではなく前進することなのです。
　それぞれのサインの27度は、それぞれのサインらしく、向上するとは何かということを提示します。そしてその行き着く果てに空無(くうむ)と、また次のサインの明確なビジョンも見えてきます。

♈ 牡羊座 27 度　Lost opportunity regained in the imagination.
「想像の中で復活された失われた機会」

　自分が達成したいものがあった時、想像力を活用してリアルにイメージすることで実現する力を表します。自分にとって重要なものを慎重に復元しイメージを現実化します。

♉ 牡牛座 27 度　An squaw selling beads.
「ビーズを売るインディアンの女」

　自分が作ったものを外に働きかけて、人の興味を喚起します。そのことで人生を変えていくきっかけを見つけ出します。

♊ 双子座 27 度　A gypsy coming out of the forest.
「森から出てくるジプシー」

　自分の知性や能力に自信ができた人が、より大きなチャンスを求めて街に出かけチャレンジする状態を表します。

♋ 蟹　座 27 度　A storm in a canyon.
「渓谷での嵐」

　自分の平和や贅沢さを維持するためには、努力が必要であることを指しています。安楽が失われつつありますが、自分のやりたいことがはっきりすることで環境依存から離れる兆候でもあります。

♌ 獅子座 27 度　Daybreak.
「夜明け」

　自分の目的意識が明確になった人は、それによって人生を大幅に作り変えることができることを表します。習慣で暮らしていた人が、自分のやりたいことをはっきりさせることで、人生が一変します。

♍ 乙女座 27 度　Grande dames at tea.
「お茶会をしている高貴な貴婦人」

　優れた精神的価値を一般の人に紹介する仲介者となることを表します。いかに理解してもらうかといった努力が必要になります。

♎ 天秤座 27 度　An airplane hovering overhead.
「頭上を飛んでいる飛行機」

　より大きなものを知るために、より大きなところから見ていく視点が大切ということを意味します。身近なところにはあまり振り回されてはいけないのです。

♏ 蠍　座 27 度　A military band on the march.
「行進している軍楽隊」

　自分が信じる生き方や考え方を、もっと他の人に普及させたい姿勢を表します。そのための働きかけが非常に積極的となるでしょう。

♐ 射手座 27 度　A sculptor.
「彫刻家」

　自分の考え方や思想を、環境の中に刻み込む姿勢を表します。教育する力ともいえるでしょう。堅い素材に刻印する努力です。

♑ 山羊座 27 度　A mountain pilgrimage.
「山の巡礼」

　立場や地位を上げる努力を指しています。地位が上がれば上がるほど、大きなところが大局的に見えてきます。

♒ 水瓶座 27 度　An ancient pottery bowl filled with violets.
「スミレで満たされた古代の陶器」

　自分と共鳴するようなスタイルやビジョンを、異なる時代や環境に求める姿勢を表します。そこから共通するものを見出し、それによって時間と空間の制限の狭いところに縛られている自分を解放します。

♓ 魚　座 27 度　A harvest moon.
「収穫の月」

　自分の個性で作り出された結果を自分で受け取ることを意味します。すべて自分の責任なので人のせいにすることはできません。厳しい結果も受け取ります。

28度（27.00度〜27.99度）

【過去を踏み台にして突破する】

1の数字の系列の最後を司る28度
苦労して願望実現という見方もできる

　28の数字は2と8からなり、足すと10です。そして、1と0をさらに足すと1となり、1はスタートを表す数字です。

　30度のサインの中では1に関係するものは1、10、19、28の四つで、28は最後の4番目の1になります。なおかつ、26度から最後の5度は最後の調整と考えた時に28度は、次のサインへの突破口が見つかるという意味があります。つまり、次のサインに入る準備の始まりです。

　20は偶然性に支配されない、時間の流れにも影響されない、環境から独立して望むものを引き出す力を意味しました。28度は、この環境から独立したかたちで、一桁数字の8の力を発揮することになります。8の数字は溜め込みや圧縮する働きです。偶然性に支配されない領域において力を溜め込むことが集中力や爆発力を作り出すことを意味します。

　また、28に関しては異なる解釈をすることもできます。4×7も28です。ハーモニックというのは、占星術においての数の理論を使った体系です。7の4倍の数は、7が願望実現する力を表すといった場合、4は苦労するという意味もあり、苦労の末に達成するといった組み合わせでしょう。

　芸術家の場合など、28度でその人の個性的な作品が現れます。ハーモニックでは満年齢と結びつけるので、28歳の時にその人の代表的作品が出来上がることになるでしょう。4という苦労の中で7の実現が起きるのです。

　芸術家は作品を作らないことには、自分がどこにいるのかわかりません。足がかりが28で生まれ、それを元に次のところに進む。その土台としてのものが28でできます。

1年を28で割ると13が登場する
28と13はお互いに裏腹で支え合っている関係

　28が、20と8といった場合、偶然性に依存しないところで、自分のどっしりした土台を作るイメージでとらえてもよいでしょう。土台を作る場合、サインが土台となります。次のサインに入る突破口が見つかるといった時、前のサインの全体を土台とすることが可能となり、その上に立って次に行くことができるのです。

　土台が明確になれば、そこには戻らないことは決まりますから、そのサインから離れる準備が整うでしょう。実際には、サインの中での28度は、どのサインでも次に向かう希望や抜け穴ができた状態となります。

　360度を30度で割ると、それは12サインです。1年を28日ずつで分割した場合、1年間は13の月になります。360÷28は、12.86です。365日を28で割ると、ほぼ正確に13（13.03）です。28と13がお互いに裏腹なところで支え合う関係で成り立っています。28で割れば13で、13で割れば28になり、お互いに支えあっている関係です。

　12サインは三角形と四角形で空間的図形的にきれいに配置することができます。12進法は、意識の流れがそのまま空間の中に定着します。目に見える生活の中で意識（時間意識）の作用がスムーズに定着する性質です。

　逆にいうと、モノに縛られるという意味にもなるでしょう。どんな意識的なモノも、かたちの中に落とし込まれ、空間的なものや視覚的な作用に支配されるからです。それを嫌う人、物質に支配されない意識の独立性を求める人は、13の数字を求めることになります。

28度の意味の中には13が持つ
はじき出される性質が含まれている

　13は割り切れない状態ですので、空間的に落ち着きのない特質です。空間に落ち着かない意識の作用であるからこそ、13は不適応とも取られるでしょう。どのような欲求やどんな意識作用も、それを物質で補うことができない状態です。これは古代においては正しいことでした。

　ユダヤでも13は神聖な数とされたのは、物質に支配されないところでの意識を表したからです。それによって12と13を使い分けていたことになります。

　13の数字が28には含まれるので、28度の段階に来た時に、サインの持っている空間性や環境から、あたかもはじき出されるかのようになります。

　しっかりつかまらないと、外に押し出されます。

　28度は1、10、19、28の1の数字の系列のスタート感がありますが、特に28度はサインから飛び出すスタートを意味します。

　12は空間の中に意識が溶け込み物質に支配される。13は逆に押し出される。28の数字にはそのような意味はないのですが、360度の円で作られている12サインにおいては、そのような意味が成り立ちます。

　総数によって数字一つひとつの意味が変わるというのはこういうことです。

♈ 牡羊座 28 度　A large disappointed audience.
「落胆させられた大聴衆」

　牡羊座は周囲の評判に支えられて自己確認をしていますが、その周囲の評価に依存する姿勢を辞め、自分の実感で生きていく牡牛座的態度のきっかけをここでつかみます。

♉ 牡牛座 28 度　A woman pursued by mature romance.
「成熟したロマンスで求められた女」

　牡牛座は自分の体や感覚に縛られていますが、自分の五感が持っている高揚感やドキドキ感を通じて、外に飛び出すきっかけを見つけます。

♊ 双子座 28 度　A man declared bankrupt.
「破産宣告された男」

　試行錯誤しながら集団社会（蟹座世界）に入っていきます。どこから入ればよいのかをいろいろと試みる状態です。よく変更します。

♋ 蟹　座 28 度　A modern Pocahontas.
「現代の少女ポカホンタス」

　蟹座から抜け出すために、異物を蟹座の中に持ち込むことで、蟹座の共同体を揺るがします。水のサインはくっつく性質があるために、ストレートに出て行くことができません。だからこうするのです。

♌ 獅子座 28 度　Many little birds on a limb of a large tree.
「大きな木の枝に留まるたくさんの小鳥」

大きな使命や自分の目的のためであれば、小さな作業をしてもよいという考え方で乙女座の実務的な土のサインへの移行するきっかけが見つかります。

♍ 乙女座 28 度　A bald-headed man.
「禿頭の男」

思い悩むよりもダイレクトに環境や周辺の出来事に反応することができることを表します。自分を防衛するクッションがここでなくなっていきます。

♎ 天秤座 28 度　A man in the midst of brightning influences.
「明るくなる影響の最中にいる男」

個性の違いを楽しんでいた天秤座ですが、最終的には個体差の存在しない統合的な中心点のようなものが見つかります。

♏ 蠍　座 28 度　The king of the fairies approaching his domain.
「自分の領土に近づく妖精達の王」

蠍座は依存のサインですが、自分自身の独自の境地が生まれつつあり、そろそろ依存を止める時期に来ています。

♐ 射手座 28 度　An old bridge over a beautiful stream.
「美しい流れに架けられた古い橋」

社会の伝統の中にある古い精神性を表すもの、それらを通じて、社会の役割の中に溶け込むことができることを見出します。

♑ 山羊座 28 度　A large aviary.
「大きな養鶏場」

社会的な立場の頂点に向かうと、その頂上では他の山も見えてきます。ローカルな立場だけでものを見ていた状態からいろいろな視点がここで入ってくることを表します。

♒ 水瓶座 28 度　A tree felled and sawed.
「倒されのこぎりで切られた木」

今まで友達やネットワークに支えられていた人が、共有されたものから切り離されて孤立することを表します。その間に、新しい自分が生まれてきます。

♓ 魚　座 28 度　A fertile garden under the full moon.
「満月の下の肥沃(ひよく)な庭」

自分の意思を持てばその意思によって宇宙的エネルギーの素材が反応し、その意思をかたちにする現象を発見することになります。受動的になれば反対に飲み込まれる。前進する気力を発見します。

Ⅱ　度数の意味

29度 (28.00度〜28.99度)

【価値の比較】

考えや価値の相対化することによって
今までのものに対して反対の動きを作る

　29は2と9を足して11、さらに1と1を足して2の数字の属性です。30度のサインの中でこの2の系列は2、11、20、29と四つあります。

　2の数字は陰陽図のように、一つの円を二つに割っていくことを表します。中国の図に「陰陽魚太極図（いんようぎょたいきょくず）」というのがありますが、勾玉（まがたま）のようなかたちが二つ組み合わさっている図です。

　一つのビンの中に水と油の二つが入っている場合、片方が移動するともう片方が移動し、どちらもそれに抵抗することができません。そのことにお互い気づかないところがあり、自分の変化を自覚するには第3のポイントが必要になります。

　2の数字は無意識に知らない間に分割された相手に影響を受けます。言い方を代えると、分割された相手に依存するような状態で、そこにほとんど無自覚です。

　ただし、2分割しているということは、別れているため互いに方向性が生じます。右に行こうとすると、もう一つのものは左に行こうとすると考えるとよいでしょう。

　初めの円に動きはありませんから、分割された状態で初めて動きが出るのです。

　2の属性は、方向づけや相対化を表します。決まりきった価値観では方向づけはできませんし、同化したものは違う動きを生み出すことができません。相対化することによって今までのものに対して反対の動きを作ることができるのです。

比較することで自分を確立させるが
どうどう巡りとなるおそれもある

　占星術において、10番目のサインの山羊座や10ハウスは共同体や社会の中である程度決まった価値観や伝統を意味します。それはローカルなルールとなりますが、そこに属している人はそこから逃れることができません。それに対して、水瓶座や11ハウスはその価値を相対化することになります。つまり、今までのものに対して、間違っているとか、もっとこうしたらよいとか、未来的なビジョンから改善を迫るのです。

　出版社の本の再販制度に関しても、異なる観点からこれはよくない制度なんだと意見することもあるでしょうが、10番目のサインの山羊座や10ハウスにはそのようなことはありえません。つまり、そこでのルールだから、それに従うしかないという感じになるのです。

　そういう意味では、2は二つのものを比較しながらキャッチボールしつつ、しかし客観化できない状態を表します。しばしばどうどう巡りとなり、そこから抜け出す方法がわからないこともあるでしょう。

　2の数字そのものには、そこから抜け出す作用はありません。例えば、男女関係や結婚といった時、2人が泥沼で揉めている時に、そこには解決の方法は見つからないでしょう。ああ言えばこう言うし、こう出ればああなるといった感じです。

　29の数字にも多かれ少なかれそのような傾向がありますが、20と9と考えると、今まで説明してきたように時間の一方的な流れに振り回されなくなり、環境から自由になり任意性を持ったかたちで行為することができます。この中で9の数字を追求することになります。9の数字は思想や哲学、探求を意味しますから、比較の中で、自分の考えを確立するという意味に取ってもよいのです。

今までのサインと次のサインを見比べて
移動する準備を始める

　実際の29度のサインの性質としては、そろそろ次のサインに移動する状態ですので、今までのサインと次のサインを比較して考えます。隣り合うサイン同士は、元素もクオリティも違うので対立する性質が多いでしょう。例えば、牡羊座では火の活動サイン、次の牡牛座は土の固定サインとなりますから、火と土の比較をしなくてはいけません。そして、活動宮と固定宮の比較をする必要があります。

　どのサインも隣のサインのとの性質の間に大きな違いがあります。この比較とすり合わせは、次のサインのビジョンが出てきたことによって可能となります。それは、今までのサインに対しての価値の相対化が起こることを意味します。今まではこの考え方一筋といった状態が、そうでもないかもしれないといったふうに変わってくるのです。

　28度で引越し先が決まり、29度では移動するために必要な準備を始めます。今までのサインの価値をまとめて判断するような働きが生まれるでしょう。比較の中で初めて生まれてくる意見や思想。これを比較哲学というのもかもしれません。

♈ 牡羊座 29 度　A celestial choir singing.
「天球の合唱隊が歌っている」

今まで物質的に考えていなかった牡羊座が、音楽的波動性でもって考えるようになることを表しています。何か判断する時に、具体的な言葉や映像ではなく、それ自身が持つ雰囲気や波動によってものを考えるのです。正確な判断力を持っています。

♉ 牡牛座 29 度　Two cobblers working at a table.
「テーブルの前の２人の靴職人」

牡牛座的資質と双子座的資質が向き合う様子が描かれています。古くて伝統的なものと新しいが軽薄なもの、そのようなものの比較と考えるとよいでしょう。どちらにも良いところがあり、片方だけでは決めづらいところがあります。

♊ 双子座 29 度　The first mockingbird of spring.
「春の最初のモズ」

蟹座を手前にした双子座で、双子座は個人、蟹座は集団を意味しますから、集団にアピールできる個人を意味します。

♋ 蟹　座 29 度　A Muse weighing twlns.
「双子の体重を測るミューズ」

蟹座と獅子座の比較で、蟹座が共同体や集団との親しみを意味し、それに対して獅子座は独立性や個人的な創造意欲による冒険を意味します。誰の中にもこの二つは存在し、人によって特定の部分が強く出るでしょう。その比較によって生き方を模索することになります。

♌ 獅子座 29 度　A mermaid.

「人魚」

　乙女座を文房具のように考えると、獅子座はクリエイティビティを意味します。紙やペンなどの文房具で絵を描く、創造意思を塗りつけることで芸術の創作に関係することを表します。芸術家に多い度数です。

♍ 乙女座 29 度　A man gaining secret knowledge from a paper he is reading.

「読んでいる書類から秘密の知識を得る男」

　乙女座が土のサイン、天秤座が風のサインで、目の前にあるモノではなく、そのモノの周辺に漂う空気からその真意を読むことができる力です。誰かが何かを言った時に、言った言葉をそのまま真に受けるのではなく、その時に本当に何を考えているかを見分けなくてはいけません。

♎ 天秤座 29 度　Humanity seeking to bridge the span of knowledge.

「互いの知識の範囲に橋を架ける方法を模索する人類」

　天秤座は風のサインで人や文明の個性の違いに関心が強かったのですが、次の蠍座は水の固定サインで統合力を意味します。異なる複数のものを統合するといった場合に、共通点は何かを考えることに思い至ることになります。

♏ 蠍　座 29 度　An Indian squaw pleading to the chief for the lives of her children.

「酋長に自分の子供達の命ごいをするインディアン」

　水の固定サインの蠍座から、火の柔軟サインの射手座への移動。足を取られて身動きを取れないものが、歩けるようになるまで、何度も繰り返す歯痒さがあります。すっきり動けるようになるためには、時間をかけて模索する必要があるのです。

♐ 射手座 29 度　A fat boy mowing the lawn.
「芝を刈る太った少年」

　射手座の火の柔軟サインの精神性が次の山羊座に入る場合、実際の社会活動の中に今までの精神性を生かさなくてはいけなくなります。自分が持っている知識や教養の中で、実際的に貢献できることは何かを考え始めます。

♑ 山羊座 29 度　A woman reading tea leaves.
「お茶の葉を読んでいる女」

　広い視野という水瓶座から得た情報を、狭いローカルな社会の世界に持ち込む姿勢を表します。例えば、国際社会から見て日本はどうかという比較です。

♒ 水瓶座 29 度　A butterfly emerging from a chrysalis.
「さなぎから出てくる蝶」

　水瓶座が風のサインで理念的で知的なものですが、繰り返されると、感情を作り出します。次の魚座の柔軟サインの水の性質にスムーズに移行することになります。

♓ 魚　座 29 度　A prism.
「プリズム」

　個人から完全に離れた宇宙原理というものに自分を託していく状態を表します。次のサインは牡羊座ですが、その前に春分点があり、このポイントは 12 サインがより大きな宇宙につながるための唯一の隙間です。自分の体験的・魂的な経験と純粋な宇宙法則を照らし合わせて、改めて自分の働きや構造を整理していく姿を表します。

*30*度 （29.00度〜29.99度）

【サインを吐き出す】

10の数字の三つの柱が立つ
三つの国が成立したイメージ

　30は3と0からなり、足すと3です。3はクリエイティビティ・生産性・増殖し加速することを意味します。

　30度のサインの中では3、12、21、30の四つが3の数字に関わります。10の単位の数字が三つ並んだ状態です。

　20の数字が対立する時間を対消滅的にぶつけることで、一方的な時間の流れが止まります。それによって、過去のものも呼び出すことができるし、未来のものを持ち込めるといったような時間の任意性が手に入ることを表します。

　29の9の数字が熟成され、そこが10になった段階で30の大台となります。29では、20の10と10を比較して、そこから出来上がる独自の考え方や思想を作られていきました。その9がやがて熟成して10になった時に、考えることを止めて10の数字の三つの柱が立ったということになります。それ自体が人の手を離れますから、模索したり考えたりすることが終わって、3の創造的法則が手から離れて自動的に動く状態を表します。

　その意味では簡単に変化させることができないような継続するリズムや大きな創造力が確立されることになるでしょう。例えば、国が三つあるような状態をイメージすることもできます。その国それぞれに国民がいて、その国民は一桁の数字で見ていると仮定します。

　作られてきた大きなシステム、変えることができないものを10の位の二桁の数字で考えます。そのようなシステムが三つあって、三つの国の間ではさまざまな運動が生じます。住民はそれを簡単には変えることはできないのです。三つの国の間に貿易協定が決まっていて、塩はこの国から買うといような決まりが生まれます。それらに対して住民が不満があっても簡単に変えることはできません。そのようなところでの、生産原理が働いていることになります。

サインの総決算となりまとめとなるが
サインの悪い面が出てきたと認識する

　30度のサインの度数で考えると、各サインは30度で終わりになりますから、最後の度数ということも加わります。

　最後の度数である以上、それまでのサインの総決算、このサインはこのようなものだったというまとめとなります。個人はここから抜け出す準備をします。

　サインの性質が勝手に動くことに対して、個人が手を出せることはありません。個人は次のサインへ引っ越す準備があるので、サイン自体がここで継続して動くことになります。

　今までのサインの特質が洗いざらい出て統合化され、同時に終わりの度数のために、ここから離れていかなくてはなりません。もうこのサインはまっぴらだといった姿勢になることが多いかもしれません。サインの悪い面が見えてくる場合もあります。ただ、サインの悪い面が出てくるというよりは、サインの悪い面が出てきたと個人が見るようになるということです。

　個人の姿勢がここで既にサインに興味を向けなくなるため、悪く見るようになってしまったということです。サインの嫌な面が出ることで、今まで良かったものがどんどんみっともなく見えてきたというような変化です。

　いったん離れようとすると、今まで気づかなかった面が表面化してくるところがあるのです。サインの矛盾した要素などが表面化します。

　例えば、蟹座の共同体は比較ということができません。そのため、どんなにひどい国でも、自分にとっては最高の場所だと感じるのです。その感情に公平さなどないのです。

サインが持っているすべてが本人から離れていく
1度とは正反対の鏡のような働きをする30度

　ルディアは30度をサインの性質を嘔吐（おうと）するようなものだといい、すべて固めて、吐き出すようなイメージで説明しています。もうここでサインに対する同一化がなくなってしまうので、本人からすると、それは自分が愛着を持てるものではなくなり、また本人が同化している間は気がつかなかったものが、たくさん表面化してきます。

1度はサインのスタートでした。30度はちょうど1度の鏡のようになっていて、1度では完全に無意識に内包していたものが、30度ではもう未知のものが何もなくなり、すべて対象化されてしまうかのように吐き出されます。
　1度で裏側にあったものが30度ではすべて表に出てきてしまうのです。同化せず、意識的になったものは、たいてい本人から離れていきます。意識化されたものは、もう本人はそれをエネルギーとしては活用できなくなったものです。
　例えば、食べ物は体内にある時にはそれは活力に変わります。しかし目の前に見ている食べものは、見ている人に同化しているわけではなく対象化されているものなので、それを見たり知ったりできても、エネルギーに変わるわけではありません。
　30度では、そのサインの持てるあらゆるものが、もう本人から離れていくことになるのですが、離れていき、吐き出すプロセスは、同化でなく離反ですから、その風景そのものが、嫌う・吐き出すということになるのです。どんなに良いものに見えたものも、ここではしばしば嫌悪の対象になることもあります。
　あれがこういう理由で好きで、あれがこういう理由で嫌いということに根拠などありません。好きなものに後で理由を作り、嫌いなものに後で理由を作る。そのため、これこれこういう理由で好きだったり、嫌いだったりするということではないのです。
　サインに入った時には好みのものが、30度ではちょうど反対になり、嫌いなものと変わります。山羊座の1度で権力とか力が好きだった人も、30度では権力とか力は全くのところ、嫌いなものになってしまいます。1度では、自分の裁量で多くの人の人生を指図できることに快感を感じますが、30度では、少数の人の裁量で多くの人の人生を指図できることを、最も良くないことと考えます。そのような人々を見て「だから山羊座は良くないんだ」と思ったりする。しかし、30度はまだ山羊座であり、嫌いなもののくせに、自分がそれに染まっていることを意識します。
　サインのあらゆる要素が吐き出されるには、次のサインへの強い同化が必要です。したがって、一つのサインと次のサインは、ある面では、たいてい性格が反対になっているといえるでしょう。しかし一つのサインの30度から次のサインの1度への移行では、まだ完全に移動しきれたといえず、残留成分は次のサインの2度で完全に粉砕され尽くします。ただ30度は悪いものばかりといえず、同化から異化へと移り変わるプロセスなので、総合化の力があります。

♈ 牡羊座 30 度　A duck pond and its brood.
「アヒルの池とそれが育む子供達」

　その人自身の本性やその人が所属しているものがはっきりしてきます。夢や期待といった壮大なビジョンが成り立たなくなる状態です。夢が持てなくなると同時に、自分が進むべき方向が明確になるため、すっきり感との両方を体験します。

♉ 牡牛座 30 度　A peacock parading on an ancient lawn.
「古代の芝地をパレードするクジャク」

　今までの芸術能力や伝統、それまで非常に価値のあったものが売り尽くしセールのように安く売られていく状態です。最後の放出のため、非常に派手な表現力を持ちます。

♊ 双子座 30 度　Bathing beauties.
「海水浴をする美女達」

　個人の能力を集団の前でひけらかす際に、そのやり方が派手です。個人の能力として、誇示できるものすべてを表しています。ここで使い切ることで、この双子座は蟹座の集団性に引き込まれていきます。ありきたりなものに吸い込まれる前の最後の個人主張。

♋ 蟹　座 30 度　A daughter of the American revolution.
「アメリカ革命の娘」

　共同体の中に住んでいる人は、どんなにひどい状態であっても、ここは最高と言ったりします。それは比較することができないからです。そこに理屈はありません。

♌ 獅子座 30 度　An unsealed letter.
「開封された手紙」

今までのクリエイティビティが空になって、乙女座の土のサインに吸い込まれる直前です。そのため、とことん自分が持っているものすべてを吐き出す性質があります。広報や伝えたいことを話し続けるところがあるでしょう。

♍ 乙女座 30 度　A false call unheard in attention to immediate service.
「直接のサービスに注意を向けたため聞き取られなかった間違い電話」

乙女座は個人の人格の中に閉じこもることですから、それを明け渡す必要があります。個人で閉じてしまう行為が有害性を発揮しますので、それを自覚することですっきり変わることができるのです

♎ 天秤座 30 度　Three mounds of knowledge on a philosopher's head.
「哲学者の頭にある三つの知識のこぶ」

知識の完成度と客観性の素晴らしさがあります。ただ、知識や知恵には働きかける力がなく、それらの限界をここで感じることになるでしょう。

♏ 蠍　座 30 度　The Halloween jester.
「ハロウィンのわるふざけ」

それまで恐ろしい引力や迫力を持っていた蠍座のパワーが失われて、怖い形相をしていても笑えるといったパロディ化された状況が現れています。既に蠍座に対する執着心がなくなったところから見ると、蠍座の怖さはそのように見えるということです。

♐ 射手座 30 度　The Pope.
「法王」

精神的な面での崇高な権威的なものも、強調されすぎると形式ばった見栄っぱりに見えてきます。

♑ 山羊座 30 度　A secret business conference.
「秘密のビジネス会議」

社会の頂点にいる人の決定が多くの人の生活を決めていて、重要なものでも軽く決めてしまう嫌な面が見えてきます。

♒ 水瓶座 30 度　The field of Ardath in bloom.
「アーダスの咲いている野原」

人類みな兄弟、人類みな友達といった、どのような人とも親しめる状態を表しています。

♓ 魚　座 30 度　The great stone face.
「巨大な石の顔」

最も大きな切り替え点である春分点を目の前にして、12サインで追求してきたところのその人のエッセンスや魂の特徴が固く結晶化していく様子を表しています。今までの12サインから離れるということを意味します。

III

ケーススタディとディグリー占星術の応用

Case study.

1 リーディングケース
～ウディ・アレン～

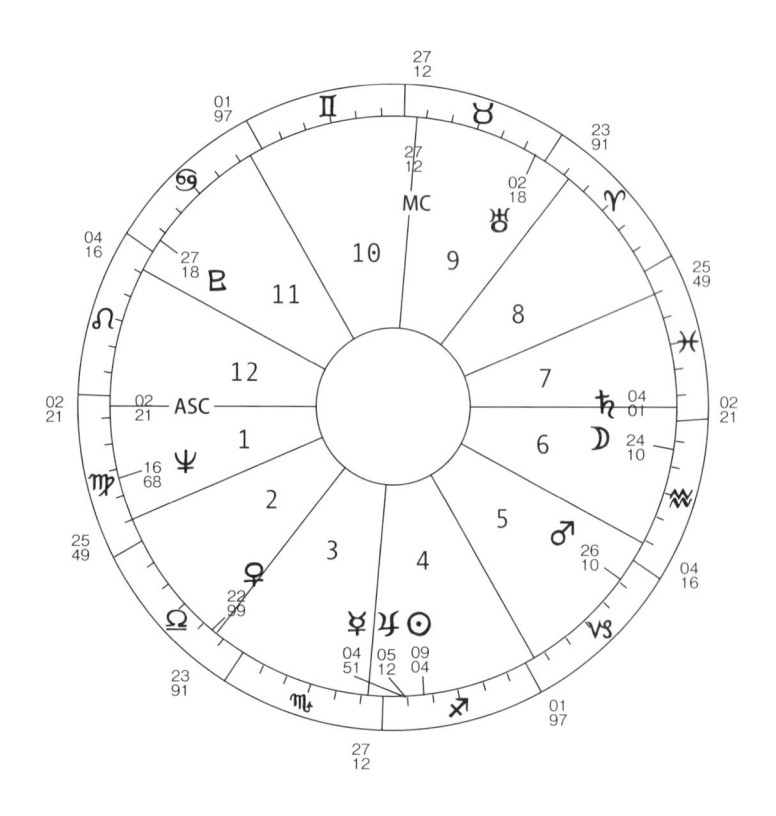

地元を題材にした作品を撮り続けた
ウディ・アレンは4ハウスに3天体が集まる

　ウディ・アレンは、アメリカのブロンクスで生まれた映画監督、脚本家、小説家です。生まれ育ったニューヨーク、また自分がユダヤ人ということから、アメリカのユダヤ人を題材にすることが多いといわれています。

　自分の地元を題材にしているのは、家とか故郷を意味する4ハウスにメインの天体である太陽と発展の木星、知性の水星など、3天体が入っているということに関係するのではないでしょうか。太陽は意識的に追求するテーマを表しますから、地元

に馴染んでいるからニューヨークを題材にしているというよりも、わざわざ意識的に地元を扱いたいということを表します。

　他者を表すのは、7ハウスです。4ハウスの天体は7ハウスの土星からのスクエアのアスペクトを持っていて、4ハウスの事情が他者の目にさらされるということでもあるでしょう。

　なぜなら土星は魚座の5度です。5度は冒険心を表し、魚座の場合には、これが多くの人の目線にさらされる、なおかつ誇張した表現になるということだからです。主に宣伝という意味が働きます。

　土星のスクエアは基本的に、制限をかけるという意味で、つまり太陽や木星があるリラックスした地元の4ハウスの事情に対して、それを外に宣伝的に公表するという条件がつくことになります。それが落ち着かない理由になる可能性はあります。もしこの土星がないのならば、たんに地元でのんびりと暮らすということになると思うからで、わざわざ映画にしようなどと考えないかもしれません。

　ですが、地元を題材にするという傾向は、これだけではないでしょう。

　太陽は射手座の10度で、10度は外界にプレゼンするという意味です。射手座では特に派手な表現になり、大げさに劇的に、そして自慢する傾向さえ出てきます。そこに拡大・発展の木星があるからなおさらです。

　木星は射手座の6度、すなわち環境との関わりで、射手座の環境との関わり方はスポーツ競技に参加するようなものです。

　土星と鋭い正確なスクエアのアスペクトを持っているのは、射手座の5度の水星で、これは射手座的な冒険心ということで、陰謀・策略・裏工作などの匂いを作り出すことを表します。

　ニューヨークに裏工作的な複雑な絡み合いがあり、戦い、そしてそれらを劇的に表現するという、ドメスティックなものなのに目いっぱい演出がかかるのです。

金星と月が風のサインで女性関係の広がりがある
妻を表す月が水瓶座25度でサインの完成を示す

　男性のホロスコープで女性を意味するのは、つき合う女性の金星と妻の月です。ともに天秤座と水瓶座という風のサインで、これは横広がりになり、閉鎖的ではありません。つまり、1人に没入しにくい傾向です。

特に金星は、対人関係を意味する天秤座の 23 度です。23 度は「いいとこどり」で、洗練された遊び性です。これはタイミングを取るのがうまいとか、3ハウスにあることを考えると会話の面白さとかです。アスペクトそのものはハードで、冥王星や火星とスクエアで、関係がブツ切れになりやすいのです。

　妻を表す月は水瓶座の 25 度で、これはサインの完成度数です。つまり、水瓶座として完成されており、冷静で情に流されず、個人的なことを持ちださない。これは仕事のハウスである6ハウスにありますから、妻像は、仕事をして、冷徹なキャラクターということになります。

　また、ウディ・アレンそのものが、仕事に深入りすることを表します。なぜなら、月はその人の個人的なホーム・戻る場所ですから、リラックスするためには仕事に戻りたいということになります。

蟹座の平和を乱す天秤座23度の異物
複雑で混沌とした家庭環境を表している

　民族とか祖国を表すのは蟹座で、ここには喪失とか死と再生の冥王星があります。冥王星は蟹座の 28 度で、28 度はそのサインに穴を開けて、次のサインに脱出するきっかけを作ることを表します。

　しかし蟹座は水のサインであり、水のサインは結合力なので、分離する力はもともと持っていません。水のサインの終わり頃というのは、くされ縁的なもので、とくに自分から出て行くことはできません。自分で出て行くことができないので、それでも出て行きたい時には、家の中に異物を持ち込んで、家庭や民族の輪を乱すことをします。

　蟹座に、この 28 度の冥王星が加わっているために、ユダヤ民族というイメージには平和を維持できない穴が開いていることになります。

　この冥王星が天秤座の 23 度の金星にスクエアなのです。

　蟹座の家族的な平和を乱すのは 28 度で、家族ではない他人、異物を外から持ち込むからですが、そこに連れてこられる異物は、この天秤座の 23 度といってもよいかもしれません。

　蟹座に比較すると、天秤座は家族ではないもの、それに 23 度となると、タイミングを読み取って遊ぶ人という意味で、要領よく振る舞います。

　ウディ・アレンは、同居しているミア・ファローの養子である韓国人スン・イーと隠

れてつき合い、ミア・ファローから訴訟を起こされました。

　家族的なイメージに対しては、常にそこに異物を連れてきて平和を乱し、穴を開けるというのは、この金星と冥王星の定番的な鋳型があり、それを繰り返しやすいということだと思います。それに金星と冥王星のスクエアですから、怖い、残酷な女性です。

　もう一つの女性を意味する月も冷徹です。

　家族・民族イメージは蟹座。現実の家族は4ハウスです。

　とはいえ、この4ハウスは射手座という国際化されたサインにあり、しかも陰謀と戦いのるつぼですから、閉鎖的な家というイメージは作りにくいのです。

　この4ハウスの事情を上手に説明している以下の文章があります。インターネットの百科事典であるウィキィペディアには以下のように書かれています。

　「アレンが生まれてから妹のレッティが生まれる直前まで、ブルックリンを中心に10数回も引越しを繰り返していた。その間、母親の姉妹や、ドイツにおけるナチスの迫害から逃れてきた親類との賑やかな共同生活と、素性の知れない、時に凶悪な面を見せるベビーシッターとの生活を余儀なくされた。ゆえにアレンの幼年期は主に女性に囲まれた精神的かつ言語的に混沌としたものだった。」(＜http://ja.wikipedia.org/wiki/ ウディ・アレン＞より一部抜粋)

5ハウスに火星の27度があり創作の野心となっている

　ウディ・アレンは多作の人といえます。創作を5ハウスと見た時に、そこに野心的で、山をよじ登るような努力を意味する27度の火星があります。

　ただし、アスペクトとしては安定性がなく、スクエアと180度のみです。冥王星との180度はとことん集中する力ですが、金星とのスクエアは、金星の楽しみを犠牲にするという意味は働きます。

　この火星の野心的な働きは、社会的な立場を意味するMCとトラインなので、創作を通じて名声を得るということになるのでしょう。

　スティーブン・スピルバーグなども、5ハウスの天体がMCとトラインです（41ページ参照）。たいていMCとトラインになるのは働く場所である6ハウスの天体です。創作・遊び・ゲーム・マンガなどで成功するケースは、この中で特例的に5ハウスの

天体がMCと120度を作る場合が多いのではないでしょうか。

27度は、油断しない、常に努力し高所を目指すのです。また、壁を超えて遠くまで響くのは天王星で、これは牡牛座の3度、牡牛座の非個人的な幸運の生産力を表し、恵まれた才能ということと、国内よりも海外で（9ハウス、さらに壁を超える天王星）評価される傾向です。

この1935年生まれ前後の人々は、冥王星と天王星のスクエアの人々が多く、政情不安の時代に生まれてきました。

しかし、ウディ・アレンの冥王星と天王星のスクエアは、山羊座・牡羊座という活動サインのスクエアではなく、天王星が牡牛座に移動していますから、家族喪失（蟹座の28度の冥王星）の直撃的な影響が方向を逸らされていて、むしろ海外で富を得るという意味に働いています。それは巧妙な宣伝活動を意味する7ハウス、魚座の5度の土星と連動していることの助けもあります。

社会的な立場を作り出すMCは牡牛座で、その支配星の金星は3ハウスなので、著作すなわち脚本とか小説とかに関係します。MCは非常に早く動くので、MCの度数を取り上げるべきかどうか迷いますが、もし正確だとすると、牡牛座の終わり頃にあり、28度なので、作品を売ることで固定的な境遇から脱出します。

28度は脱出ですが、特に牡牛座からの脱出は、固定サインからの、つまりどうしようもない身動き取れないところから脱出することを意味します。

瓦礫の山で星を見るのを表す乙女座17度
閉鎖的な関係性や人格を壊すことで夢を描く

サインの経験の中で、単一のサインの性質によって形成されてきたものがいったん崩壊し、その後、その瓦礫の山の中で、遠くに夢を抱くのは17度です。タロットカードでは、これは16の「塔」のカードで塔が崩壊した後の、野原に裸でたたずむ17の「星」のカードに対応します。

乙女座は特に11度から15度までは民族主義や純潔主義、単一派閥、貴族性などを形成しますが、それが16度で、それまで排除してきた影の襲撃によって壊れてしまいます。いわば斜陽貴族のようなものです。

強い排他性によって純粋培養された乙女座の性質は、鎖国するようなものですが、17度でその抑圧から解かれ、これまで封じられてきた生命力が開放されます。

そのため、乙女座に天体があるからといっても、几帳面で整理整頓、排他的というようなイメージをここに押しつけることはできません。

　後半はいったん固めて壊すような性質があるのです。ただ野放しの開放よりは、いったん抑圧されて、その後、解放されるという方が劇的です。

　ウディ・アレンの海王星は乙女座の17度、そして個人の資質である1ハウスにあり、海王星の示すトランスパーソナルへの扉、人のかたちをなくして、より大きな存在形態へと拡大するきっかけは、この乙女座の17度にあります。

　固めて壊す、閉鎖的に形成されてきた民族や家族、人格などが崩れていく中に、希望と夢を抱くことになります。

　この1ハウスの海王星は、7ハウスの魚座の支配星ですから、しばしばきっかけは結婚相手とか協力者などの関わる人から持ち込まれます。7ハウスの土星は、家族を意味する4ハウスの平和を妨害している傾向もありますから、意地悪で誇張癖のある、プロパガンダの巧妙な（魚座5度）相手は、相当に衝撃的だともいえるのです。落ち着かないし、火星のアスペクトからしても、ストレスと怒りの多い人生だといえます。

　この土星の直下で、忍耐強く感情を出さない訓練（6ハウス、水瓶座の完成を示す25度の月）を受けてきたともいえます。「凶悪な面を見せるベビーシッターとの生活」を連想させるものです。

　いずれにしても、1935年前後に生まれてきた世代には、あまり穏便な平和というのはないようにも思えます。

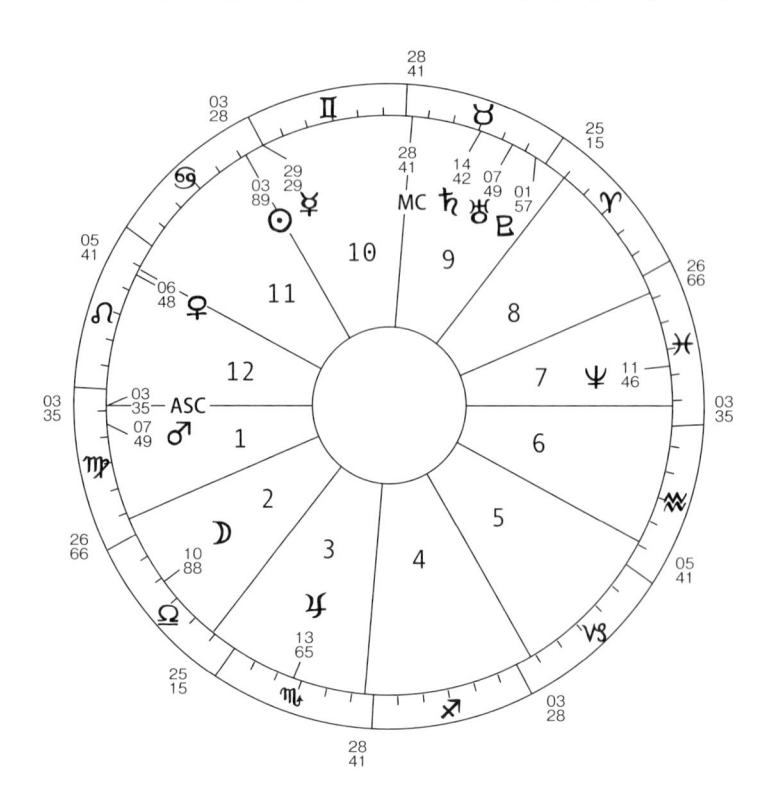

2 リーディングケース
～アントニオ・ガウディ～

生き物のようなとても妖しい曲線を築き上げる
火星と海王星のオポジション

　スペインの建築家であるアントニオ・ガウディは、数式を使わず生き物のようなかたちをした建築をすることで有名で、その極端に個性的な表現は大変に魅力があります。

　ASCはウディ・アレンとよく似ている位置の乙女座です。生き物のような曲線を持つ妖しいデザインとなると、ホロスコープに詳しい人なら、この図の中で即座に、火星と海王星の180度に目をつけるでしょう。神秘的でサイキックなアスペクトだからです。

特に魚座の支配星である海王星が、魚座にある時代でこの茫洋としたイメージを建築という細かい表現に、すなわち乙女座の火星に投影する配置です。

　魚座の海王星はそもそも魚座が水・柔軟サインで、これは希薄な水、つまり雲とか霧とかに関係し、なおかつ未知の探索の12度ですから、かたちになりえないものをサーチしています。

　乙女座の火星は依存を断ち切り、自律的にダイナミックな運動をする8度で、魚座のビジョンはこの火星に流し込まれます。8度は力を溜め込み、独立した自律運動やリズムを作り出すのです。

明確であまりにも独自な哲学を生み出す
牡牛座の冥王星・天王星・土星

　このかたちにすることの困難なイメージを表す魚座の海王星を明確に理論的に支えているのは、3ハウスと9ハウスにまたがる教育的教条的な土星と木星の180度です。これは真面目さでもあり、ガウディが敬虔なカトリックであり、サグラダ・ファミリアの建築に打ち込んだことも関係するでしょう。

　土星は牡牛座の15度で、これは黙示録の四大を示す場所です。牡牛座という土・固定サインの頂点にあり、物質的な建築という領域においての高い位置を示していると思われます。

　平凡な発揮の仕方をすると、この度数はビジネスでの頂点を目指してお金持ちになるというものですが、ガウディの場合、それが9ハウスで宗教的・思想的な方向に向かったともいえます。

　また、牡牛座イメージは、冥王星・天王星・土星があるので、ありきたりでなくなってしまい、屈折した表現になります。

　牡牛座の2度の冥王星は、強烈なインパクトです。思想・哲学は独特で、建築家であるにも関わらず、数字や方程式を全く使わない独自の構造力学を作りました。

　牡牛座はしばしば本で学んだことを信じないで、体験主義的に追求することが多くなります。コロニア・グエル教会の地下聖堂を作る時に、十年間かけて独自の傾斜を作る実験をするというのは、この牡牛座の2度の冥王星と天王星、土星という妥協のなさを物語ります。

金星が獅子座7度にあり冥王星・天王星と90度
魔物のような女性像を作り女性恐怖症となる

　ガウディは生涯結婚せず、また晩年は全く身なりに構わなかったので、事故で死んだ時にも、浮浪者と間違われました。

　男性のホロスコープで女性を示すのは月と金星です。

　特に出会いは金星で考えますが、隠れた神聖な場所である12ハウスにあり、獅子座の7度で、これは永遠性を示す火・固定サインの獅子座の世界と盛衰を繰り返す地上との落差にストレスを感じる度数です。

　冥王星・天王星とスクエアで、さらに12ハウスですから、いわば地上に存在しない魔物のような女性像を示していて、現実の生身の女性に向かわず、むしろイメージの上での女性的なるものとして、建築などの創作に霊感を与えるものになったのだと思われます。

　食事をして普通に暮らし、やがて老いていくという通常の人間としての女性に、この金星を託すことができないのです。

　もう一つの妻としての月の女性像はもっと穏やかです。

　天秤座の11度は高所から人に接する、つまり教える教師という立場の度数です。

　ただ、この月は隠れた場所にある金星と60度のアスペクトなので、金星に強く影響を受けます。それに天秤座の支配星は金星で、つまりこの天秤座の月の置かれた台座は12ハウスにエネルギーが向かうので、非現世的な金星に飲み込まれていく可能性があります。

　月は日常で金星は夢や期待。十代半ばで、マタロ協同組合の教師ペピタと知り合ったのですが、これが最後で、その後女性との接点がありません。12ハウスの金星にすべてを飲み込まれたと考えてもよいのかもしれません。

集団意識へ飲み込まれる太陽の蟹座の4度
獅子座で打ち出すパワーを蟹座でチャージする

　太陽は蟹座の4度で、もともと蟹座は4番目のサイン。さらにその中の4度です。

　これは集団的な意識・共同体をなす意識へ、個人の意識が飲み込まれていくことを表します。次の5度になるとさらに大きな集団性へ飲み込まれていくチャレンジを

しますが、4度では自分が今置かれている集団性へ同化していくのです。

　技芸はその手前の双子座で、鮮明な表現力を持つ30度の水星。しかし生き方そのものとしては、この双子座的な個人能力や個性をどんどん消耗させて、大きなものへ吸い込まれていく蟹座の4度にあったのです。

　カトリックに生涯を捧げるというような姿勢は、この度数に現れやすいと思われます。

　能力は水星で見て、生き方は太陽で見るというコントラストをつけてもよいでしょう。たくさんの人に見せつける派手さというのは、典型的な双子座の30度の特質なのです。

　この太陽の大きな集団性への帰依の姿勢であるにも関わらず、感性を示す金星は魔物のように特徴のある主張をしているというところが興味深いのです。つまり人生としてはカトリックに捧げても、芸術表現においては強い個性を打ち出して、集団性への帰依の姿勢に従わなかったということです。

　むしろ獅子座は蟹座のチャージによって、よりリアルに浮き出してくるのですから、カトリック世界が結果的に生み出したはみ出し成分を表現しているのかもしれません。

　蟹座は充電、獅子座は放電です。獅子座で強く打ち出されるパワーは、蟹座で取り込んだものでもあるのです。

3 応用編

〜ディグリー占星術を
より深く知るためのヒント〜

01 プラトンサイクルとディグリー占星術の関係性

　魂のサイクルとして古い時代に知られ、神智学とか、シュタイナーの創始した人智学で有名な分割法がプラトンサイクルです。ここでは魂の1年は歳差活動に関係して2万6000年です。北極星が回帰するサイクルでもあり、北極星からやってきて北極星に戻っていくというイメージで考えてみるとよいでしょう。それを12分割したのが1ヵ月で2200年。さらにそれを30分割した1日が72年です。

　2万6000年、2200年、72年という単位は、魂の年月日を表しています。私達が使っている年月日というものは、その模型のようなものだと考えてみるとよいでしょう。

　インドの修行体系であるヨガでは、人間を御者と馬と馬車にたとえます。これは意識と感情と感覚肉体という対応、あるいは脳の人の知性に当たる新皮質、感情に当たる旧皮質、本能に当たる古皮質と対応させてもよいかもしれません。年月日を対応させれば、年が御者、馬が月、馬車が日となってもよいのではないでしょうか。

　占星術はどこからどこまでも果てしなく数字の体系です。アスペクトは幾何図形であり、それは空間の数字です。12サインは1から12まで、度数は1から30までで、これはグレゴリオ暦での月日と同じ意味です。そしてサインとは馬に関係し、その中にある30度までの度数は馬車に当たるのだと考えます。

　実際に、12サインはかつて獣帯といわれ、十二支なども動物に割り当てられていますから、哺乳動物としての馬に一番関係しています。もちろん動物質に関係したアストラル体というものもこれに一番関わっています。

　日にちは行動などに関わり、そこにはそんなに情感というものが深く関与していません。毎日加算されていき、具体的な変化が積み重ねられていきますが、情感の変化とは違うものです。

月の変化、すなわちサインの移り変わりは気分とか感情が大きく変化し、馬の気分の変化と考えてもよいのかもしれません。そして日にちはたいていの場合、御者とどこか共鳴しています。
　本書では度数の意味について説明していますから、これは12サインが示すような気分の変化、馬の変化というよりは、馬車に当たる行動の変化や日々の状況の変化というものにより深く関わります。もちろん、そこに12サインという馬の要素を加えていくのが、さらに総合的な読み方になるということになります。
　よく数霊の本では、月の数字と日にちの数字、さらに年の数字も加算したりします。しかし年月日の意味は違いすぎるし、次元が違うとさえいえるので、それらを加算することに意味があるのかどうか不明です。
　月の数字はそのまま馬の数字。日の数字はそのまま馬車の数字として別個に扱う方がよいのです。個人の能力は主に馬車に関係します。つまり本書で扱うディグリーの違いが大きく影響を与えます。

02　グレゴリオ暦とディグリー占星術の関係性

　グレゴリオ暦は、グレゴリオ暦の1月1日から始まった暦です。この暦は自然界とは分離しているため、これを使うことで社会習慣はちゃんと行われることになりますが、この社会から離れた意味でのより普遍的な可能性については全く及ばないものです。
　そのため、年月日で計算する数霊占いは表面的な人格については言及できますが、それ以上のことはわかりません。生命のサイクルはより大きな宇宙的なサイクルと連動していますから、それら大きなサイクルと連結された占星術サイクルは、社会性ということを考える前の、より深い始原的な要素について考えることができるのです。
　しかし、グレゴリオ暦も、占星術のサインと度数もスタート点、すなわちより大きな宇宙サイクルとの関係があるのか、それとも空中楼閣的に孤立しているのかという違いはあれども、構造は同じところに立脚していて、そのため暦の中での意味を考える時には、そのままサインと度数の関係を利用することもできます。
　4月8日生まれの場合は蟹座の8度に対応します。蟹座あるいは4月は、馬の部分で4の数字です。4の数字は集団に参加する、より大きなものに従うという

意味になります。この箱の中で個人はどう振る舞うのか、それが度数の意味となります。

　集団活動の中で個人はエネルギーを溜め込んでいく。例えば、みんなで練習したり、訓練したり、統制の取れた行動をしたりします。規律ある行動の中で規則正しく暮らすことで、ばらばらに動いていた自分の意思やコントロール力を育成します。これが4の馬に従属する8の馬車、蟹座の8度とか、また社会生活サイクルにおいての4月8日生まれの人の意義なのです。北朝鮮のテレビ番組を見て、軍人たちが規則正しく行進している姿を見ると、これぞ蟹座の8度、あるいは4月8日の意義だと思います。

　今回は度数の意味について強調していますが、12サインと併用して、馬と馬車の性質を組み合わせて活用するとよいでしょう。

　簡単な活用法のアイデアとしては、12サインを4つの元素、火・風・水・土で考えていくこともできます。火は精神性を表し、風は視野の広がりや情報、知性を表します。水は愛情や感情、共感力、土はすべてをまとめて小宇宙を作り出します。土は4つの元素の1つというよりも、4つの元素をコンパクトに、特定の小さなかたちの中にまとめていくのです。火の元素は、牡羊座、獅子座、射手座。風の元素は、双子座、天秤座、水瓶座。水の元素は、蟹座、蠍座、魚座。土の元素は牡牛座、乙女座、山羊座です。

　それぞれどこのサインに属するかによって4つの元素の分類をし、それぞれの役割の中での度数の意味であるというふうに考えることでより幅のあるリーディングができるようになります。

03　タロットとディグリー占星術の関係性

　馬の数字、馬車の数字の両方に参考になるものに、タロットカードの大アルカナの数字があります。

　もちろん数字を使ったどんな体系も考える材料になります。

　大アルカナのカードは0の「愚者」と、1の「魔術師」から21の「世界」のカードまであります。12サインの場合、1度から30度までで、21度以降の22度から30度まではタロットカードの大アルカナを参考にすることができません。しかし、それ以前の1度から21度まではタロットカードの番号をそのまま参考にしてもよい

でしょう。

　数字の意味を考えるのに、順番に数える時間的数字と、空間的に数えるところの空間的な幾何図形的数字があります。これは小石並べ算と、砂描き算という違いです。

　例えば、21が総数の大アルカナのカードはその枠の中での分割と考えます。30度まであるサインの度数の場合、30という全体の範囲の中においての分割ということです。1、2、3、4……と数えていく数字は加算するもので、時間数字であり、それは総数に影響を受けません。しかし空間数字は全体を1つの円として、円の内部分割と考えますから、総数がどれくらいかが重要です。この総数の中での分割だからです。

　例えば、ケーキを三つに切って一つもらえるのと、12に区切って、そのうちの一つをもらうのとではえらく違います。

　サインの30度までと、タロットカードの21までという違いの中で、例えば3という数字の意義は、空間的な数字としては、まるっきり異なってきます。その部分が違うということを注意してさえおけば、時間数字、数え算としての加算数字の意味は、タロットカードを参考にすることができます。

　サインの16度はそのサインにおいての崩壊現象が起こります。信念体系の崩壊や人格クラッシュなど、それぞれのサインの16度はタロットカードの塔のカードと非常に似ていると考えることができます。それは誰にもある時期起こります。起こらないことには、ずっと硬直したまま継続するものがあるので、後になるほど、取り返しがつかなくなり、困ったことになります。

　崩壊した後に、柔らかい状態となり、瓦礫の山の間から遠くのビジョンを見ることになります。塔がある間は遠くのビジョンを見ることができませんでした。しかし、その塔が壊れることで、今まで気がつかなかったような遠い星を見ることは17度、17番目の「星」のカードとなります。

04　ハーモニック占星術とディグリー占星術の関係性

　占星術は純粋に数字の体系ですから、他にもハーモニックというものがあります。

　例えば、120度のアスペクトは円を3分割して、一つが120度となり、円の中

に大きな三角形（グランドトライン）を描きます。度数をすべて3倍にすると、120度を一つの円とみなすことになり、3倍にする前のチャートの円の中で120度の大三角形ができる場合には、これは360度の同じ場所に三つの天体が重なることになり、コンジャンクションとなります。これは倍音のように、3倍の周波数となるようなチャートを想定するのです。

そしてこのハーモニックの数字や倍数は、それ自身の数字に意味が成り立つことになります。もちろん円の内部分割とも考えられるので、これは空間的な数字、すなわち砂描き算の側の数字の意味です。

例えば、ハーモニックの5は、人生の中での創造衝動やチャレンジ精神・冒険心を表します。それはサインの中での5度に似てきます。ハーモニックの7は、タロットカードでいう7番の「戦車」のカードに似て、推進力や成就力、目標に向かって走っていく力を表します。

ハーモニックにおいては後天的な自己実現を意味し、生まれつきの資質ではありません。もともと持っていなかった能力をここで達成することになり、やむにやまれぬ強い衝動で実現させていくエネルギーやチャレンジせざるをえない強い衝動を表します。それは進化の衝動です。

ハーモニック数字は、このように数の原理が成り立ちますから、タロットカードを参考にしたり、またハーモニックなどを参考にしたりしながら、数の意味について考えていくとよいでしょう。

4度は蟹座に似ているとか、5度は獅子座に似ているというふうに、度数とサインを関連づけるのは、サインが馬であり、度数は馬車に属するということさえはっきりと意識していれば、何の問題も混乱もありません。

通常の占星術では、サインとハウスに惑星があると、この惑星の使い方の個性とかカラー、傾向を、馬の性質であるサイン・ハウスから推理します。おそらくそれは馬の特質である感情の性質などを強調したかたちで読むことになると思います。

本書のように、度数を読み方の基準にしていくと、ホロスコープの読み方がより細かく詳しくなるというだけでなく、視点の当て方がちょっと今までとは違うものに変わっていくことにもなりやすいと思います。

御者と馬車には共通点があります。それは御者と馬と馬車を、1、2、3と数えた時に、御者と馬車は奇数の層であり、馬は偶数の層だからです。孫は親とは対立しても祖母とは仲が良いという具合に、一つ置きというのは共鳴しやすいのです。

したがって、度数を中心にホロスコープの惑星の働きを考えると、情感とか感情の特徴よりも、より知性の働きとか考え方の違いなどに着目することになると思います。

　私達は毎日働いています。その中で何か積み上げているものがあります。働きながら「今は春だね」とか「もう夏で暑いね」と考える時に、サインの情感的な要素が加わっているのだと考えてみましょう。春とか夏によって働き方にそんなに大きな違いは出てきません。

　度数の違いはサインの中に従属していますが、しかしサインとは違うことを示しているのです。異なる次元、次元というと大げさですが、サインと度数は異なる階層のものなのです。

Ⅲ　ケーススタディとディグリー占星術の応用

おわりに

　12サインは12個しかありませんから、占星術に慣れてくると、この12の区分だけで読んだりするのは単純すぎると考えるようになります。

　応用的に読む時に12の内部分割をすることになり、デークとして10度ずつに分けたり、2.5度ずつ分けたり、あるいは5度ずつなど、いろいろ好みによって試みることになると思います。どれが最も重要ということもありません。考え方の切り口をどれにするかということなのです。

　サビアンシンボルなどのように1度ずつというのは、最も細かいものなので、それなりに詳しいことがわかるのですが、実際には、1度を10分割くらいはしてもよいのではないかとも思います。要するに細かいほど、解釈は楽になってくるのです。逆に細分化して定義することで、考えることにおいては怠慢になる可能性はあるかもしれません。

　こういう場合には、数字の扱い方に対する基礎的な素養があれば、応用的にいくらでも展開はできます。1度を60個に分割してみるというのもよいでしょう。もちろん、現代に数学とか物理学などで使われている数字とは扱い方が違います。というのも、現代に一般的に使われている数字というのは、遠い昔に、人間の意識の作用と切り離してしまったからです。というよりは古典的な科学においては、自然界のあらゆる現象を人間と切り離し抽象的なものに変えていきました。何を思っても自然界は変わらないし、また自然界のどんな変化も人間には影響を与えないと信じたのです。

　そのため、数字の意味について考えるということはあまり機会がないのです。占星術はどこからどこまでも果てしなく数字の体系で、それ以外は何も残っていないというくらいのもので、もちろん現代に使われる数字の扱い方、すなわち人間の意識を切り離すということをしていません。

　占星術をしていると、結果的に、数字と人間の意識や感情、感覚などの働きと

関連づけして考えざるをえないのです。牡羊座、牡牛座などというサインの性質も、1番目、2番目という意味からほとんど全部を引き出してこれるのです。

　人間の意識の作用とは切り離して発展してきた数字の使い方と、その以前の歴史に存在していた、数字はみな人の意識の作用と連動しており、意識を説明するのに数字を利用するという考え方の両方を混乱しないように扱うとよいでしょう。

　互いに領海侵犯する必要はないので、前の車のナンバーから今日の運勢について考えるということはしない方がよいし、キャベツが値上がりした時に、値上がり後の金額を見て、そこに象徴的な意義を考えるということもしない方がよいのです。

　占星術は疑似科学という人がいますが、疑似科学ではありません。科学が成立する時の基本的なルールに従属していない、つまり数字はロゴスであるということを前提に作られた体系なのです。そのため、占星術を科学と関連づけてはならないでしょう。科学においては、数字に精神的・感情的な意味はないのです。

　あらゆる複雑なイメージや情報も、その骨子としては数字とか図形の意味が成り立っているということから、12サインとは、宇宙の記録であるアカシックレコードと直接関係したものであるということを、今回は強く押し出しました。

　占星術で使う12サインは春分点から始まるものなので、この春分点というローカルな枠組みに「縮小」したアカシックレコードの盤なのです。それは地球上での体験にのみ活用できるアカシックレコードです。

　それぞれのサインの度数は共通した意味があるというのが本書の主張ですが、ここに四元素とか三区分などで幾何図形的な要素を入れていくと、例えば、活動サインの19度ごとでまとめて、19度の正方形とか、火の元素の21度までまとめて、21度の三角形などというグリッドを考えることもできます。すると数字の特有の性質がより明確に浮き出してきます。そういうことも続けてみたいことの一つです。

著者紹介

松村 潔（まつむら・きよし）

1953年生まれ。占星術、タロットカード、絵画分析、禅の十牛図、スーフィのエニアグラム図形などの研究家。タロットカードについては、現代的な応用を考えており、タロットの専門書も多い。参加者がタロットカードをお絵かきするという講座もこれまで30年以上展開してきた。タロットカードは、人の意識を発達させる性質があり、仏教の十牛図の西欧版という姿勢から、活動を展開している。著書に『完全マスター西洋占星術』『魂をもっと自由にするタロットリーディング』『大アルカナで展開するタロットリーディング実践編』『タロット解釈大事典』『みんなで！　アカシックリーディング』『あなたの人生を変えるタロットパスワーク実践マニュアル』『パワースポットがわかる本』『水晶透視ができる本』『トランシット占星術』『ヘリオセントリック占星術』（いずれも説話社）、『決定版!! サビアン占星術』（学習研究社）ほか多数。
http://www.tora.ne.jp/

ディグリー占星術（せんせいじゅつ）

発行日	2012年11月1日　初版発行	
	2023年8月10日　第7刷発行	
著　者	松村　潔	
発行者	酒井文人	
発行所	株式会社 説話社	
	〒169-8077　東京都新宿区西早稲田1-1-6	
	電話／03-3204-8288（販売）　03-3204-5185（編集）	
	振替口座／00160-8-69378	
	URL https://www.setsuwa.co.jp	

デザイン	市川さとみ
編集担当	高木利幸
印刷・製本	中央精版印刷株式会社

© Kiyoshi Matsumura Printed in Japan 2012
ISBN 978-4-916217-99-8 C2011

落丁本・乱丁本はお取り替えいたします。
購入者以外の第三者による本書のいかなる電子複製も一切認められていません。